히데코의
연희동
요리교실

GOURMET LEBKUCHEN

히데코의
연희동
요리교실

나카가와 히데코 지음

RECIPE

집에서 즐기는
비장의 레시피

이봄

프롤로그
13년의 시간을 담아
보내는 레시피 편지

"첫 책을 내셨을 때만 해도 에세이를 쓰셨구나 하며 대충 훑어보기만 했어. 요리교실 운영한 지 몇 년 안 됐을 때니까. 그랬는데 2년 후에 두번째 에세이가 또 나오는 거야. 그리고 다시 1년 뒤에 히데코 선생님의 지중해 요리책을 서점에서 봤지. 이제 요리책도 내시네? 했는데, 바로 또 요리와 에세이를 합체한 듯한 책이 나오는 게 아니겠어? 그제야 수자 언니 정말 대단하네, 하는 생각을 했어."

연희동에서 인생상담소를 운영하는 유명한 타로술사 한민경 선생이 한 얘기다.

"연달아 안주 요리책 네 권을 뚝딱뚝딱 내더니, 또 요리 에세이가 나오고… 수자 언니를 보며 느낀 건, 무언가를 이루려면 한 우물을 파야 한다는 거였어. 10년

에 한두 권 낼까말까한 나 같은 사람은 책은 쓴다고 할 수도 없겠다 싶었어."

한 선생과의 인연은 오래되었다. 내가 연희동으로 이사한 후 시작한 요리교실, 구르메 레브쿠헨이 지나온 시간과 같은 시간을 쌓아왔다. 너무 가깝지도 너무 멀지도 않은 편한 관계를 유지하는 고등학교 친구 같은 존재다.

대학을 졸업한 후 곧바로 외국에서 살았던 탓에 내 주변에는 어릴 적 친구가 없다. 중고등학교의 친한 친구를 제외하면, 일본의 친구나 지인과는 SNS 상에서 연락을 취하는 정도이다. 게다가 일본보다 한국에서 지낸 시간이 더 긴 내게 한 선생의 존재는 무척 소중하다.

처음으로 나를 '수자 언니'라고 불러준 사람도 한 선생이었던 것 같다. 일본어로 '中川烝子나카가와 히데코'를 한국식 한자로 읽으면 '중천수자'가 된다. 한국 국적으로 귀화하면서 얻은 한국 이름이다. '이 씨나 김 씨 같은 한국 성씨로 했으면 좋았을 텐데' 하고 말하는 사람도 물론 있었다. 귀화 신청을 하면서 한국 이름을 뭘로 할지 고민하지 않았던 건 아니다. 그런데 그런 내게 남편은 '당신이 일본인이었다는 사실을 후세에 알리면 좋을 것 같아'라는 속 깊은 배려를 해주었고 그렇게 '중천'이라는 새로운 성씨가 탄생한 것이다.

"중천수자 님! 이쪽으로 오세요~"

병원이나 은행 대기실에서 울리는 내 한국 이름. 처음에는 나라는 걸 깨닫지 못해서 직원이 몇 번이나 부를 때까지 가만히 있었던 적도 있다. 더구나 '중천수자 님~' 하는 소리에 일제히 쏟아지는 호기심 가득한 시선도 견뎌야 했다. 그러고 보니 얼마 전 처음 해본 코로나 검사에서도 방호복을 입은 보건소 직원이 두툼한 유리 너머로 손을 뻗어 콧구멍 깊숙이 면봉을 밀어 넣으면서, "중천수자 님은 일본인이세요? 아니면 중국인?" 하고 물었다.

어머, 코로나 검사를 받으며 이런 질문을 듣다니. 나는 꽤 당황스러웠다. 콧구멍에 면봉이 꽂힌 채로 "일본인입니다" 하고 대답했다. 그러자 보건소 직원은 면봉을 액체가 담긴 병에 꽂으면서, "한국말을 무척 잘하시네요" 하며 유리창 너머로 웃어 보였다. 간접접촉자라는 보건소의 연락을 받고 우울한 기분으로 검사를 받으러 갔지만, '중천수자'라는 이름 덕분에 귀가하는 내 발걸음은 가벼워졌다. 다행히 결과도 음성이었다.

"수자 언니! 앞으로도 꾸준하게 책을 내면 좋겠어. 지금처럼 한 우물을 파다 보면 다음의 무언가가 보일 거야."

한 선생의 말에 용기를 얻어 올해에도 코로나 시국 속에서 봄부터 한 권의 책을 준비해왔다. 요리교실 운영과 에세이와 레시피 원고를 쓰는 일이 일상처럼 이어졌다. 그로 인해 또다른 일상의 작은 것들에 소홀해지는 일이 없도록 늘 안테나를 세운 채로. 요리교실이 내 삶의 일부가 되어 지금까지 이어올 수 있었던 것은 '구르메 레브쿠헨Gourmet Lebkuchen'을 거쳐 간 수많은 수강생과의 인연 덕분이다. 수백 명에 이르는 정말로 다양한 만남이 있었지만, 요리를 통해 맺어진 인연

은 지금도 쾌적한 온도를 유지한 채 이어지고 있다. 어쩌다 만나도 옛 친구를 만난 듯 반가운 마음이 울컥 솟아난다.

"히데코 선생이 왜 그렇게까지 필사적으로 책을 쓰는지 생각해봤어. 일본인이었던 과거와 귀화 한국인인 현재, 그 시간 사이에서 글쓰기를 통해 자아를 찾으려는 건 아닐까. 자신의 정체성을 확립하려는 거 같아."

5년 가까이 요리교실에 다녔던 문화인류학자 김현미 교수는 내가 한국에서 계속해서 책을 내는 이유를 이렇게 정의했다. 내가 그렇게까지 복잡한 생각으로 책 쓰는 일에 집착하는 걸까. 아니다, 단지 좋아하는 일을 해나가고 있을 뿐이라는 생각이 든다.

요리를 통해 만난 세계 각지의 사람들과 맺은 인연을 소중히 간직하면서, 지난 추억과 경험을 요리하고, 그것을 레시피와 이야기로 그려보는 것이다. 그리고 앞으로 무슨 일이 일어날지 알 수 없는 미래를 요리라는 방법으로 긍정한다. 내가 먹고 싶고 다른 이에게 대접하고 싶은 요리, 오직 그 생각만으로 만든 내 레시피가 사람들이 맛있는 인생을 찾는 데 도움이 되길 염원하면서.

이곳 연희동에서 요리교실을 시작하고, 순식간에 흘러간 시간이 13년이다. 그동안 셀 수 없을 만큼 많은 레시피가 탄생했고, 요리교실과 책, 잡지 등을 통해 수많은 사람에게 전해졌다. 이번에는 이 책 『히데코의 연희동 요리교실: 집에서 즐기는 비장의 레시피』에 요리의 국적이나 스타일에 연연하지 않고 '먹어보고 싶다' '맛 보여주고 싶다' 하는 마음으로 수강생들과 함께 만들었던 비장의 레시피 30개를 정리했다.

연희동 요리교실 '구르메 레브쿠헨'을 여러분 집에서 오픈해도 좋을 것 같다. 혼자여도, 함께여도 분명 즐거울 테니까.

마지막으로 모든 식재료 생산자에게 무한한 감사와 경의를 보내며, 그리고 이 한 권의 책이 세상에 나올 수 있도록 도와주신 모든 분에게 감사의 말을 전하고 싶다.

연희동 작업실에서
나카가와 히데코

연희동 요리교실 구르메 레브쿠헨의 시간, 저장음식

요리교실의 시간이 쌓이면서 요리교실만의 저장음식이 하나둘 탄생했다. 계절이 바뀔 때마다 수강생들과 함께 만들기 시작해서, 이제는 수업 시간에 선보일 정도가 되었다. 여기 소개하는 저장음식은 나와 수강생들이 쌓은 13년의 시간이 고스란히 담긴 것이다.

1
안초비
멸치류의 작은 물고기인 안초비를 소금으로 발효하고 올리브오일로 숙성시킨 것으로 지중해나 스페인, 포르투갈 등 대서양 연안 지역의 대표 젓갈. 샐러드 드레싱이나 육류 요리, 소스 등에 쓰는 만능 양념이다.

2
레몬 고쇼(레몬 후추)
원래 노란 유자 껍질을 홍고추 간 것과 소금으로 숙성시키는 유자 고쇼를 담그려다가, 작년 겨울에 제주산 유기농 레몬을 많이 주문해버리는 바람에 유자 대신 레몬으로 담가봤다. 주로 양념이나 소스를 만들 때 쓴다.

3
유자 고쇼(유자 후추)
늦은 여름에 수확한 초록 유자 껍질을 청양고추, 소금으로 숙성시킨 유자 고쇼. 돼지고기 샤브샤브나 로스트비프에 곁들이는 소스에 섞으면 소스가 정말 향긋해진다.

4
우메보시
청매실이나 황매실을 소금과 차조기로 발효, 숙성시킨 만능 양념. 나는 6월 말까지 기다려 황매실로 담근다. 회에 곁들여 먹어도 좋다.

5
미소
쌀누룩, 소금, 백두로 담근 일본식 된장. 요리 수업에 쓸 일이 참 많았는데, 그때마다 일본에서 사오곤 했었다. 하지만 이제 한국에서도 담그기 시작한 나의 가보다.

6
레몬 소금
레몬의 껍질을 깎아 4등분한 다음, 레몬 사이사이에 소금을 넣어 숙성시키는 전통 모로코식으로 만들었다. 지중해 요리, 특히 생선이나 육류 요리에 자주 쓰는 양념이다.

차례

프롤로그 13년의 시간을 담아 보내는 레시피 편지 — 5
연희동 요리교실 구르메 레브쿠헨의 시간, 저장음식 — 8

PART 1
원 플레이트 요리

ESSAY

세계를 원 플레이트에 — 20

RECIPE

○ 야키토리돈과 가지절임 — 26
○ 햄버그스테이크와 당근 필라프 — 28
○ 카치우코와 초반 살라타스 — 30
○ 닭고기 알감자 찜과 루콜라 샐러드 — 32

PART 2
술과 안주

ESSAY

최고의 술집은 우리 집 — 36

RECIPE

○ 허브를 올린 구운 가지 — 44
○ 파스타 에그 그라탱 — 46
○ 문어 세비체 — 48
○ 봄나물 페스토 파스타 — 50
○ 두부 레몬 마리네이드 — 52
○ 화자오 풍미의 바지락 열무 찜 — 54
○ 닭고기 카레 나베 — 56
○ 니쿠자카 — 58

PART 3	ESSAY	
함께 만들고 즐기는 식탁	우리가 함께 만들어 먹는 이유	— 62

Recipe

- 쿠시카츠 3종 세트 — 70
- 어묵 나베 | 차슈와 차슈 밥 — 76
- 라자냐와 방울토마토 샐러드 — 84
- 물만두와 샤브샤브 — 90

PART 4	ESSAY	
한국 채소 요리	요리교실 선생님이 다니는 요리교실	— 96

Recipe

- 고사리와 루콜라 샐러드 — 102
- 더덕 고추장 구이 — 104
- 알타리무 수프 — 106
- 배추와 베이컨 오븐구이 — 108
- 대저 토마토 가스파초 소면 — 110

부록	ESSAY	
한국 토종 쌀 이야기	수향과 우보농장	— 114

Recipe

- 한국 토종 쌀로 만든 모로코식 수프 — 118
- 차돌박이와 우엉 솥밥 — 120

식재료 구입처 이곳에서 장을 봐요 — 122
요리교실 수강생들이 보내온 편지 — 124

PART 1

원 플레이트 요리

Recipe

- 야키토리돈과 가지절임
- 햄버그스테이크와 당근 필라프
- 카치우코와 초반 살라타스
- 닭고기 알감자 찜과 루콜라 샐러드

세계를
원 플레이트에

오랜만에 옷장과 서랍에 방치되어 있던 크고 작은 상자들을 정리하다가 30년 전 나리타공항 출국장 로비에서 찍은 가족사진을 발견했다. 부모님과 상의도 없이 혼자 멋대로 결정해서 일본을 탈출하기라도 하듯 바르셀로나로 향했던 날이었다. 그때는 왜 그렇게까지 서둘렀을까. 그럼에도 아버지는 그것이 딸의 새로운 출발이라고 생각하셨는지 사진을 크게 확대해주셨다. 사진 속에는 지금은 연락이 끊어진 대학 시절의 친구도 있었다. 모두의 표정에는 대학을 졸업하고 새로운 삶을 시작하는 내게 보내는 응원 같은 미소가 넘치고 있었다.

사진을 보고 있자니 바르셀로나에서 생활했던 때가 떠올랐다. 낙천적인 스페인 사람들에게 둘러싸여 지냈던 시간은 즐겁기도 했지만, 한편으로는 혼자라는 쓸쓸함이 공존했다. 오지랖 넓은 스페인 친구들은 가끔씩 향수병에 젖어 훌쩍이던 나를 놀리곤 했었다.

"조심히 가. 건강하고."

헤어질 때면 늘 그렇듯 부모님과 나는 서로 껴안거나 손을 맞잡지도 않고 가벼운 인사만 나눈다. 나는 일단 그런 순간에서 벗어나고 싶은 일념에 뒤도 돌아보지 않고 허둥지둥 출국심사장으로 이어지는 불투명한 유리문 안으로 들어간다. 혼자 비행기에 올랐던 대학생 시절부터 서울로 향하던 작년까지의 수십 년 동안, 딸을 배웅하는 부모님의 표정에는 늘 걱정과 쓸쓸함이 어려 있었다. 그 표정에 마음이 쓰이기는 했지만, 금방 또 만날 텐데 하고 생각하며 출국장 로비를 떠나는 것이다.

"수화물로 실을 가방은 택배로 공항에 보냈는데, 뭐가 들었는지 들고 탈 짐도 무겁네. 애들도 있으니까 같이 가줄게. 국제선터미널에 있는 회전스시집 맛있으니까 비행기 타기 전에 먹고 가자."

내 아이들이 어렸을 때 어머니는 서울로 돌아가는 손자들과 공항에서의 짧은 데이트를 즐기곤 하셨다. 지금도 우리가 서울로 떠나는 날 아침이면 같은 상황이 반복된다. 공항까지의 거리도 멀고 출근시간대와 겹칠 시간이기도 해서 배웅 나오지 마시라고 만류해본다. 하지만 요리교실에서 사용하려고 구입한 일식용 작은 접시와 칠기 등이 깨질지 몰라서 위탁수화물에 넣지 않았더니 혼자서는 들 수 없을 정도로 무겁다. 결국 체력도 약해지신 아버지까지 함께 나서고 만다. 쉰을 훌쩍 넘긴 딸을 배웅하는 팔십대의 나이 든 부모님은 딸이 일본을 다녀간 횟수만큼 출국장 로비를 다녀가셨다.

그럼에도 나는 국제선터미널의 출국장 로비가 좋다.

불안과 희망이 교차하는 출발의 순간. 익숙한 삶의 터전으로 돌아간다는 안도감, 과거와의 결별, 그리고 때로는 누군가와 나누는 긴 이별…… 그때그때 느끼는 다양한 감정을 품고 출국장 로비의 자동문 안으로 첫발을 내딛는 순간 익숙한 소음이 나를 맞이한다. 커다란 여행 가방이 실린 카트가 오가고 전광판에는 출발 예정 비행기의 편명이 표시된다. 각 항공사 카운터에는 여행객들이 길게 줄을 서 있고, 승무원들이 씩씩한 발걸음으로 오가고 있다. 수없이 봐온 낯익은 풍경이지만 늘 가슴이 두근거린다.

"객실 수석사무장 김입니다. 박병진 님. 오늘도 대한항공을 이용해주셔서 진심으로 감사합니다……"

내가 국제선 출국장 로비를 좋아하는 만큼 남편은 비행기를 좋아한다. 남편은 일상의 스트레스와 업무에서 벗어나 다른 시공간으로 이동할 수 있는 비행기를 무척이나 사랑한다. 1990년대 초에 미국의 IT 기업에 취직한 남편은 거의 매달 태평양을 횡단할 기회를 얻었고, 결혼 후에도 싱가포르와 홍콩, 중국, 시드니, 일본 등으로 비행기를 타고 돌아다녔다. 게다가 출장에 이용하는 비행기는 늘 국적기이기 때문에 당연히 같은 항공사의 마일리지가 계속해서 쌓인다. 결혼하고 처음으로 함께 대한항공을 탔을 때 우리는 일반석에 앉아 있었음에도 수석사무장이 남편에게 정중한 태도로 인사했다. 옆에서 그 광경을 지켜보던 내가 오히려 부끄러웠다.

나도 남들 못지않게 비행기를 많이 탔지만, 그때그때 할인 항공권을 구입한 탓에 열심히 만든 마일리지카드는 거의 무용지물이다. 게다가 서른두 살에 한국에 귀화하면서 그때까지 열심히 모았던 '나카가와 히데코' 명의의 마일리지는 소멸해버렸다. 그후 아이 키우느라 바빠서 일본과 동아시아를 왕복하는 여행밖에 할 수 없었던 탓에 '중천수자'라는 한국 이름으로 발행된 지금의 카드에는 마일리지가 거의 쌓이지 않았다.

"수석사무장 최라고 합니다. 중천수자 님. 오늘도 대한항공을 이용해주셔서 진심으로 감사합니다……"

코로나 사태로 파산 직전인 항공사는 종래의 마일리지 제도를 크게 개편했다. 이제 비행기를 타고 이런 인사를 받을 일은 없겠다는 생각이 들자, 귀화할 때 귀찮더라도 여기저기 항공사에 사정을 이야기해서 변경 요청을 했으면 좋았을걸…… 후회가 된다. 지금까지는 남편 덕분에 좌석 업그레이드나 무료 런던 왕복 티켓을 받는 등의 혜택을 누렸지만 앞으로는 그나마도 기대할 수 없게 되었다. 겨우 1년 전까지는 지극히 당연했던 일이 이제는 불가능해져버린 것이다. 내가 마지막으로 비행기를 탄 것은 작년 2월, 동생의 결혼식에 가기 위해 가나자와로 향했던 때다. 그후로 국제선 출국장 로비에 가지 못했다.

최근 1년 동안은 코로나 사태로 요리교실이 계속해서 연기되었다. 자취를 하던 아들들도 집으로 돌아와 온라인 수업을 받게 되었고, 남편도 회식 등의 약속이 없어지면서 가족과 함께하는 저녁 식사가 늘어났다. 바쁜 일상생활에서 벗어나 평소와는 다른 시공간으로 떠날 수 있는 곳이 내게는 국제선 로비였고 남편에게는 비행기였다. 하지만 지금은 어디에도 갈 수 없으니 우리는 '오늘 저녁은 어느 나라 요리를 해볼까' 하며 순간의 도피를 즐기고 있다.

지금 나는 한국에 정착해 있지만 혼자가 아니다. 가족이 있다. 그리고 나는 디아스포라, 쉽게 말하자면 한국에 거주하는 극히 소수의 일본계 한국인이다. 태어난 나라와 지금 살아가는 나라를 오가면서 자신의 정체성을 확인할 수 있었다. 그리고 이런 정체성은 미각, 즉 음식에 흔들리는 것이다. 도쿄 긴자의 뒷골목에서 발견한,

싹싹한 점장이 혼자 운영하는 선술집과 시로카네다이에 있는 시칠리아 비스트로에서 먹었던 그리운 맛 때문에 디아스포라의 삶을 살짝 후회해보기도 한다. 하지만 반대로 김포공항에 도착하는 순간이면 연희동으로 향하는 길에 있는 삼겹살집이 떠오른다. 삼겹살과 김치찌개와 소주의 궁합이 견딜 수 없을 만큼 간절해지는 것이다. 한국살이 28년쯤 되니 '나도 이제 한국 사람 다 됐군' 하고 마음속으로 중얼거리게 된다.

"이번 5월 연휴에는 오랜만에 도쿄에 갈까? 여름휴가 때는 집이 있는 아일라섬에 갈까? 한 4년쯤 됐지?"

코로나 사태 직전, 가나자와에서 서울로 돌아가는 비행기 안에서 남편은 그렇게 말했었다.

"스코틀랜드에 있는 아일라섬? 글쎄. 난 스페인과 지중해 쪽도 가보고 싶은데. 마지막으로 스페인에 갔던 게 벌써 10년 전이야. 후미 씨랑 준코 씨도 보고 싶고. 지중해 요리의 현지 조사도 필요하거든."

코로나 사태로 지금은 꿈같은 이야기가 되었다. 하지만 내가 할 수 있는 일을 해본다. 세계의 식재료 장을 봐서, 세계의 요리를 만들며, 그 나라의 풍미를 떠올려보는 것이다. 그곳의, 바로 그 맛은 아닐지라도 깊어지는 그리움으로 세계의 요리가 완전히 다르게 다가오니까.

일본식 원 플레이트

야키토리돈과 가지절임

야키토리焼き鳥는 닭고기의 다양한 부위를 달콤한 간장소스에 재운 후 꼬치에 꽂아 숯불에 굽는 요리. 일본 사람들은 숯불에 직접 구워주는 야키토리 전문점을 이용하거나, 조리된 야키토리를 마트에서 사서 먹는다. 제법 대중화된 일본 요리이다. 집에서도 일본식 야키토리를 간편하게 즐길 수 있다. 야키토리를 덮밥으로 응용하는 것이다. 그리고 영양의 균형을 고려해 좋아하는 채소 반찬을 곁들여 한끼 식사를 완성해보자.

야키토리돈

재료 1~2인분

1. 닭다리살은 껍질째 4등분으로 자른 후 전분을 살짝 입혀준다. 대파는 어슷하게 썰고 꽈리고추는 반으로 자른다.
2. 양념은 미리 섞어 놓는다.
3. 팬에 식용유를 두르고 강불에서 달군 다음 닭고기의 껍질을 아래로 향하게 담고 가장자리에 대파를 넣는다. 중불에서 닭고기 양면을 노릇노릇하게 굽다가 꽈리고추를 넣고 같이 볶는다. 2의 양념을 두 번에 나누어서 붓고 걸쭉해질 때까지 조린다.
4. 밥 위에 3번의 재료를 먹음직스럽게 얹고 팬에 남아 있는 소스를 뿌린다. 기호에 따라 시치미나 초피 가루를 뿌려낸다.

닭다리살 300g
전분 적당량
대파(흰 부분) 1개
꽈리고추 6개
식용유 1큰술
밥 1공기
시치미 약간
: 또는 초피 가루 약간

양념
간장 2큰술
미림 1큰술
설탕 1/2큰술
청주 1큰술

가지절임

재료 2인분

1. 가지는 반달 모양으로 얇게 썰어 소금물에 5분간 담가둔 후 체에 밭쳐 물기를 빼고 지퍼 팩에 담는다. 여기에 소금 2작은술을 넣고 지퍼 팩을 살살 문지른다. 상온에서 30분간 재워둔다.
2. 생강은 아주 얇게 채 썰어 물에 잠깐 담갔다 뺀다. 시소도 얇게 채 썬다.
3. 1의 가지를 지퍼 팩에서 꺼내 물기를 꽉 짜고 볼에 담아 양념 재료와 같이 버무린다. 냉장실에서 3일간 보관이 가능하다.

가지 2개
소금물
: 물 2ℓ+소금 2작은술
소금 2작은술

양념
생강 엄지 크기 1개
시소 3장
일본 생간장(키코만)
: 2작은술

햄버그스테이크와 당근 필라프

일본식 어린이용 런치세트

내 책 『아버지의 레시피』에 소개한 일본-서양식 햄버그스테이크를 조그맣게 반죽해서 누구나 좋아하는 토마토소스에 넣고 끓였다. 여기에 당근 필라프를 곁들여 일본식 어린이용 런치세트로 구성했다. 동지중해 요리인 필라프 위에 터키나 그리스 등의 국기를 꽂는 것도 재미있을 듯하다.

햄버그스테이크

재료 2~3인분

햄버그스테이크 반죽
돼지고기 다짐육 : 200g
소고기 다짐육 : 200g
시판용 빵가루 1컵
우유 1/3컵
달걀 1개
소금 1작은술
후춧가루 약간
• 반죽 구울 때
밀가루 약간
올리브오일 2큰술
―
토마토소스
• 식감을 위한 재료
양파 1개
베이컨 3장

느타리버섯 : 1팩(200g)
버터 1큰술
올리브오일 : 1/2큰술
• 소스 재료
레드 와인 1/2컵
토마토퓌레 1컵
다시마 육수 1컵
: 또는 치킨 스톡 1컵
월계수 잎 1장
케첩 1/4컵
일식용 우스터소스 : 1/4컵
소금 2작은술
후춧가루 약간
설탕 1/2작은술
: 기호에 따라

1. 볼에 햄버그스테이크 반죽 재료를 넣고 섞어가면서 찰기가 생길 때까지 반죽을 한다.
2. **토마토소스 만들기**
   ① 양파는 잘게 다지고 베이컨은 1cm크기로 채 썬다. 느타리버섯은 먹기 좋게 손으로 찢는다.
   ② 냄비를 중불에 올려 버터와 올리브오일을 두르고 버터가 녹으면 양파를 넣고 볶는다. 양파의 색이 연한 갈색으로 변하면 베이컨과 느타리버섯을 넣고 느타리버섯의 숨이 죽을 때까지 계속 볶는다.
   ③ 레드 와인을 넣고 강한 중불에서 한 번 끓인 후 토마토퓌레, 다시마 육수, 월계수 잎을 넣고 5분간 더 끓인다. 케첩, 우스터소스, 소금, 후춧가루, 설탕을 넣어 간을 한 후 한소끔 끓인다.
3. 1의 반죽을 가로 3cm, 세로 5cm크기의 완자 모양으로 만들고 밀가루를 묻힌다. 팬에 올리브오일을 두르고 중불에서 겉면만 노릇하게 굽는다.
4. 3의 햄버그스테이크를 ③의 냄비에 넣고 뚜껑을 닫은 후 약불에서 10분 정도 조린다.

당근 필라프

재료 2~3인분

쌀 300g
당근 1/4개 : 70g 정도
치킨스톡 300㎖
화이트 와인 4큰술
소금 1/2작은술
버터 1큰술
후춧가루 약간

1. 쌀은 씻어서 15분간 불린 후 물기를 빼고 체에 밭쳐둔다.
2. 당근은 잘게 다진다.
3. 밥솥에 쌀, 당근, 치킨스톡, 화이트 와인, 소금을 넣고 밥을 짓는다(전기밥솥 백미 코스).
4. 뜸들인 밥에 버터 조각을 넣고 섞은 후 그릇에 담고 기호에 따라 후춧가루를 뿌려낸다.

지중해식 원 플레이트

카치우코와 초반 살라타스

이탈리아 토스카나 지방의 요리인 카치우코cacciucco는 토마토와 사프란을 듬뿍 넣고 단시간에 끓이는 해산물 스튜의 일종으로 남프랑스의 대표 요리인 부야베스와 비슷하다. 카치우코와 함께 터키의 대표적인 샐러드인 초반 살라타스Çoban Salatası, 양치기의 샐러드라는 뜻을 곁들였다. 허브 향이 우리를 지중해로 부르는 듯하다.

카치우코

1 사프란을 다져서 노란 물이 우러나올 때까지 화이트 와인에 담가둔다(강황가루라면 와인에 섞는다). 바지락은 해감하고, 마늘은 얇게 저민다.
2 1의 재료를 냄비에 넣고 중불에서 끓인다. 바지락 입이 벌어지면 건져낸 다음 냄비에 물 1/4컵을 넣고 한소끔 끓인다.
3 2에 토막낸 생선, 방울토마토, 타임을 넣고 약불에서 5분간 끓인 후 소금, 후춧가루로 간을 하고 올리브오일을 뿌린다.
4 오목한 그릇에 담고 바게트를 곁들여낸다.

재료 2인분

사프란 한 꼬집
: 없으면 넣지 않거나, 강황가루 약간
화이트 와인 1/2컵
바지락 180g(1봉지)
마늘 1쪽
물 1/4컵
우럭 1마리
: 또는 금태 1마리 등과 같은 작은 크기의 흰살생선
방울토마토 8개
타임 2줄기

소금, 후춧가루, 올리브오일 적당량

곁들임 재료
바게트 4조각

초반 살라타스

1 오이는 씨를 제거하고 5mm크기로 깍둑썬다. 양파는 아주 잘게 다진다. 방울토마토는 5mm크기로 깍둑썬다(큰 토마토는 씨를 제거하고 깍둑썬다).
2 허브는 잘게 다진다.
3 볼에 1과 2를 모두 넣고 먼저 올리브오일로 버무린 후 소금, 레몬즙, 쿠민 가루, 후춧가루를 더해 버무려낸다.

재료 2~3인분

오이 1개
양파 1/4개
방울토마토 10개
: 또는 큰 토마토 1개
―
허브
고수 1줄기
딜 1줄기
민트 2줄기

양념
올리브오일 3큰술
소금 1/2작은술
레몬즙 1큰술
쿠민 가루 1/4작은술
후춧가루 적당량

닭고기 알감자 찜과
루콜라 샐러드

프랑스 가정식 원 플레이트

프랑스 요리에는 닭고기가 자주 등장한다. 내가 특히 좋아하는 닭고기 요리는 닭의 배 속에 타임이나 로즈마리, 알감자를 풍성하게 채워 넣고 오븐에서 노릇하게 구운 로스트 치킨. 하지만 막상 집에서 통닭을 굽다 보면 제대로 익지 않거나 시간이 너무 오래 걸린다. 이때 오븐 대신 무쇠 냄비를 이용하면 요리 초보자도 닭고기 알감자 찜을 쉽고 빠르게 만들 수 있다. 곁들임 요리는 프랑스의 향취가 묻어나는 루콜라를 듬뿍 넣은 샐러드로!

닭고기 알감자 찜

재료 1~2인분

닭다리 300g(3개 정도)
알감자 5개
로즈마리 1줄기
올리브오일 5큰술
굵은 소금 1작은술
후춧가루 적당량

1. 닭다리는 가운데에 칼집을 두 번 낸다. 알감자는 껍질째 씻어둔다.
2. 무쇠 냄비에 감자를 얹고 사이사이에 닭다리를 넣는다. 로즈마리 잎을 두루 뿌린 다음 올리브오일을 붓고 후춧가루를 뿌린다.
3. 군데군데 구멍을 낸 종이 호일로 **2**를 덮는다.
4. 냄비를 중불에 올려 3~5분 후에 김이 나오기 시작하면 약불로 줄이고, 재료가 타지 않게 가끔 뒤집어준다.
5. 이쑤시개로 감자를 찍었을 때 쑥 하고 들어가면 닭다리도 충분히 익은 상태이므로 불을 끈다.

루콜라 샐러드

재료 1~2인분

루콜라 50g
미나리 10줄기
토마토 2개
적양파 1/4개
바질 약간

드레싱
화이트 와인 비네거 : 1큰술
올리브오일 2큰술
소금 1작은술
후춧가루 약간

1. 채소는 깨끗이 씻어 물기를 빼둔다. 루콜라는 손으로 반을 찢고, 미나리는 5cm길이로 자르고, 토마토는 길게 4~6조각을 낸다. 적양파는 결대로 얇게 썰어 산물에 10분간 담갔다가 물기를 뺀다.
2. 드레싱 재료를 볼에 넣고 섞는다.
3. **1**과 **2**를 버무려서 접시에 담고 바질을 얹어낸다.

PART 2

술과 안주

Recipe

- 허브를 올린 구운 가지
- 파스타 에그 그라탱
- 문어 세비체
- 봄나물 페스토 파스타
- 두부 레몬 마리네이드
- 화자오 풍미의 바지락 열무 찜
- 닭고기 카레 나베
- 니쿠자카

최고의 술집은
우리 집

 작년 여름 무렵부터 모기에 물린 것처럼 두드러기가 슬쩍슬쩍 올라왔다. 두드러기는 만성화되면 특정 부위에 생겼다가는 사라진다. 가려워서 견디기 힘든 순간이 있지만 굳이 항히스타민제를 먹지 않아도 이내 사라진다. 젊었을 때부터 스트레스가 쌓이면 두드러기가 생겼기 때문에 모기에 물린 듯한 증상 정도로 피부과에 갈 생각은 하지 않았다.

 그런데 12월에 들어서고 이제 한 달만 지나면 1년치 수업이 끝나려는 차에 코로나 3차 유행이 발생했고 요리교실은 언제 재개될지 알 수 없는 상태로 무기한 연기되었다. 그러자 긴 겨울 휴가를 맞이한 내 몸에 다시 두드러기가 슬금슬금 올라오기 시작하더니 마침내 마그마처럼 온통 울퉁불퉁 일어나는 것이 아닌가. 더구나 아침녘에 출몰하는 탓에 오전 내내 컨디션이 좋지 않다. 진지하게 병원에 가볼까도 생각했지만 조금 지나면 또 사라지는 바람에 그대로 방치했다.

 "선생님, 그건 몸에 피로가 쌓였으니 쉬라는 신호예요."

"요리교실을 다시 시작하면 괜찮아질 거예요."

"그런데요, 선생님!! 와인은 그만 마셔야 하지 않을까요?"

아아. 결국 정곡을 찔리고 말았다. 그래, 와인과 위스키. 두드러기의 원인이 술이 아닐까 하고 내 나름 생각하고 있었는데, 제자가 먼저 말을 꺼낸 것이다.

"그런가. 하지만 그렇게 많이 안 마신다니까. 식사할 때 반주 정도야."

그렇게 열심히 변명해본다. 얼마 전에 인터넷 검색을 해보니 밀가루와 버터도 두드러기의 원인이 될 수 있다던데. 그래. 그럴 거야. 이번에 사회적 거리두기 단계가 강화되면서 수업이 연기되자, 여유 있게 아침 식사를 하게 되면서 애정하는 버터를 듬뿍 바른 두툼한 토스트를 거의 매일 먹었던 것이다. 버터 토스트를 먹으면서 흡사 동면 직전의 곰이 된 기분이 들었다. 내 몸속에 나쁜 콜레스테롤이 계속해서 축적된다. 세계의 수많은 사람들이 그렇듯, 남들보다 갑절이나 음식에 신경 쓰는 나도 예외 없이 '코로나 우울'에 걸려 있었던 것이다. 그리고 코로나 우울 해소법으로 선택한 것이 아침 식사로 버터를 잔뜩 바른 빵을 먹고 저녁 식사에 반주를 곁들이는 일이었다.

그러한 식습관은 결국 다른 증상까지 불러일으켰다. 설 연휴가 다가오면서 요리교실 신학기 준비를 해야 한다는 압박감에 시달리자 등에 있는 점 부위가 견딜 수 없을 만큼 가려웠다. 이 경우 암일 가능성이 있다고 이전에 언뜻 들은 적이 있다. 피부과로 달려간다.

"아니요. 암 같은 건 아니에요. 이건 점이 아니라 예전에 생긴 흉터인데 조금 곪아 있었을 뿐, 레이저로 제거하면 그만입니다."

얼마 지나자 이번에는 젊었을 때 신경을 제거했던 치아의 잇몸이 딱딱해졌다. 만져보니 조금 아픈 기분이 든다. 조금 거슬리는 정도였지만 처음 느끼는 증상에 놀라 치과에 가보기로 한다. 오랫동안 요리교실에 다니던 제자가 내 주치의다. 요리도 좋아하지만, 맛있는 음식을 먹으며 반주를 곁들이는 것을 누구보다 좋아했던 그녀에게 치아 관리를 맡긴 지 4년 정도 됐다. 아무튼 걱정이 돼서 그녀의 병원으로 달려갔다. 역시나 심각한 질환은 아니었고, 신경을 제거한 잇몸의 치조골에 고름이 생겼다고 한다. 그런데 소독을 하고 나니 통증이 심각해졌다. 어렸을 적 초콜릿을 입에 머금은 채 잠이 들어버린 바람에 충치가 심해졌을 때보다 몇 배는 더 아팠다. 환부가 소독되면서 조용히 숨어 있던 균들이 움직이기 시작했기 때문이라는 의사의 설명이었다. 하지만 왠지 그 말에 납득할 수 없어서 곧바로 그녀의 선배가 있는 대학병원의 구강외과를 찾아갔다.

"고름을 제거하지 않으면 통증과 부종이 가라앉지 않습니다."

나는 단지 진찰을 받으러 갔을 뿐인데 관록 있는 의사는 바로 잇몸에 메스를 그었다. 순식간에 이루어진 수술과 마취로 의식이 몽롱해진 내게 내려진 처분.

"오늘부터 2주 동안은 와인 금지입니다."

내 주치의는 대학병원의 선배에게 내 증상과 함께 와인을 좋아한다는 정보까지 전부 알렸던 것이다. 항생제와 진통제를 처방받으면 알코올은 '금지'라는 것은 주지의 사실. 그날 저녁은 죽을 먹었고, 다행히 와인 병조차 쳐다보기도 싫었다.

그리고 수술 다음 날 아침, 문득 좋은 아이디어가 떠올랐다. 그래! 어차피 와인도 못 마실 거라면 내친김에 한방 디톡스를 시작하자. 이래저래 15년 동안 신세를 졌던 한의사에게 곧바로 전화를 걸어 상담을 했고, 이튿날부터 열흘간의 디톡스 프로그램을 시작했다. 화농에 효과가 있는 한약도 복용하면서 삼시세끼 대용식 분말과 한방차를 섭취하며 열흘을 보내는 것이다. 알코올과 곡물은 금지. 허기가 느껴지면 토마토, 당근, 과일 등을 먹으라고 한다. 하지만 정해진 시간에 분말을 뜨거운 물에 타서 수프처럼 먹기 때문에 그다지 허기진 느낌은 없었다. 그런 식생활에서는 반주도 필요 없었다. 작년 여름, 집에서 술을 마시는 시간이 늘어나면서 몸이 자꾸 부어올라서, 태어나서 처음으로 디톡스를 시도했었다. 하지만 이번에는 두드러기와 몸속 염증을 어떻게든 해결하고자 지푸라기라도 잡는 심정으로 다시 도전해보았던 것이다.

"여보, 여보. 열흘 동안 디톡스를 했더니 체지방이 줄었는지 3킬로그램이나 빠졌어. 그리고 두드러기도 안 생겨서 밤에도 푹 잘 수 있고. 잇몸의 부기도 가라앉았어."

이주일 후 남편에게 자랑스럽게 말했다.

"그런 거면 평소에도 디톡스가 가능한 식생활을 하면 좋지 않을까? 그걸 돈을 주고 하다니…"

네. 지당하신 말씀입니다. 자랑해서 죄송합니다.

여하튼 디톡스 덕분에 체내에서 유해물질이 배출된 상쾌한 기분으로 봄을 맞이했다. 두드러기가 사라진 건 역시 와인을 끊었기 때문일까? 아니, 사랑해 마지않는 빵과 버터를 멀리해서? 아니면 둘 다인가? 최근까지 빵과 버터는 자제하고 있지만, 와인은 다시 마시기 시작했다. 치과의사인 제자와 한의사에게는 비밀이다.

"이제 우리도 나이가 들었구나."

최근에 남편과 저녁을 먹으면서 와인 한 병을 땄는데, 식사가 다 끝났는데도 와인이 3분의 1 정도 남아 있었다. 이전에는 식사 중반쯤 되면 와인이 부족해졌고, 남편이 마지막 남은 한 잔을 두 사람 잔에 나눠 따르면서, 다음에는 무얼 마실까 같은 이야기를 했더랬다. 헤헷. 이 흡족한 기분은 애주가가 아니면 모른다. 와인 때문에 몸 상태가 달라지면, 체질상 알코올이 안 받는다는 친구들이 부러울 때도 있다. 하지만 나도 남편도 오로지 와인과 위스키를 계속 마시겠다는 일념 하나로 디톡스와 비타민제 복용, 운동, 건강검진, 충분한 수면 등을 꼬박꼬박 챙기며 건강을 위해 열심히 노력하고 있다.

"이제 우리도 나이가 있으니까. 맛있는 음식과 맛있는 술을 즐기기 위해서 올해도 노력하자!"

우리 부부의 연례행사와 같은 새해 다짐이다.

작년에는 코로나로 저녁 요리교실도 연기되었고, 남편도 약속이 없는 날이 이어져서 함께 반주를 즐기는 시간이 늘어났다. 애주가에게는 딱히 특별한 요리가 필요 없다. 요리의 국적도 관계없다. 그러니까 안주면 무엇이든 괜찮은 것이다.

"노량진 거래처에서 연락이 왔었어. 오늘 아침 주꾸미가 싸게 들어왔대. 마늘을 넣고 올리브오일로 산뜻하게 볶아볼까 하는데. 샤블리 아니면 샴페인?"

휴대전화 문자를 보낸다. 잠시 후 근무 중인 남편에게 답장이 왔다.

"샤블리, 냉장고에 넣어두자."

신난다. 곧바로 우리 집의 작은 와인셀러에서 샤블리를 꺼내 2층 주방 냉장고에 넣는다. 20여 년 전의 신혼 시절, IT 회사에서 영업을 담당했던 남편은 접대가 많았던 탓에 집에서 저녁을 먹은 적이 거의 없었고 신혼에 걸맞은 추억도 없다. 그런데 코로나 사태 덕분에 뜻하지도 않은 부부의 시간이 늘어났고, 그만큼 반주의 여유도 생겼다. 딩동 하고 인터폰이 울렸다. 드디어 주꾸미가 왔구나. 오늘 밤은 샤블리니까 산뜻하게 올리브오일 볶음으로 하자. 주꾸미를 넣은 샐러드도 괜찮겠어. 반주의 마무리는 주꾸미 김치볶음밥. 안주는 어디까지나 간단하게. 저녁 식사 준비가 즐거워진다.

그러고 보니 작년에는 많은 사람들이 왁자지껄하게 모이는 홈파티도 하지 못했다. 원래 연희동으로 이사 온 후, 봄부터 가을까지 6개월 동안 거의 매주 마당과 옥상에서 바비큐 파티를 열었다. 토요일 오전의 요리교실이 끝나면 곧바로 파티 준비에 들어가는 것이다. 몇 년을 하다 보니 단시간에 파티 준비를 끝내는 요령도 생겼

다. 여러 사람이 동시에 즐길 수 있는 메뉴를 고민하는 것은 반주 메뉴를 고를 때와는 또 다른 즐거움이 있다. 이전에는 전채와 샐러드에도 신경을 썼지만, 조리 시간도 길고 식재료 비용도 만만치 않았다. 부담 없이 함께 즐길 수 있는 파티에 필요한 것은 결국 제철 식재료를 이용한 음식과 요리 시간을 단축할 수 있는 조리법, 그리고 맛있는 술이다. 파티를 주최할 때는 비용 부담을 줄이기 위해서 이런 조건을 달았다.

"와인 1병, 또는 마시고 싶은 술 1병. 또는 디저트를 가져와주세요."

그렇게 했기 때문에 몇 년 동안이나 파티를 이어갈 수 있었다고 생각한다. 서로에게 감사하는 마음을 담은 즐거운 파티가 무사히 끝나고, 밤이 깊어 거나하게 취한 사람들이 갈지자 걸음으로 귀갓길에 오르는 뒷모습이 그립다. 지금처럼 저녁 식사의 반주가 지속되면 애써 치료한 두드러기가 재발할지도 모른다. 결국 집에서 즐기는 반주는 여럿이서 파티를 즐길 때보다 많은 술을 마시게 된다는 것이 나의 지론.

요 1년 동안 반주를 하면서 생각해낸 새로운 메뉴를 많은 사람들과 함께 즐기고 싶어서 마음이 조급해진다.

허브를 올린 구운 가지

내추럴 와인과 안주 1

최근 들어 '내추럴 와인'이 알려지면서 내추럴 와인 전문점이나 와인 바 등이 늘어났다. 내추럴 와인에 대한 정확한 정의나 규정은 없지만, 유기농 와인, 바이오 와인, 바이오 다이내믹 등으로 분류된다. 페어링에서도 종래의 와인에 비해 색다른 조합이 가능해서 재미있다. 내추럴 와인은 산미가 강해서 생크림이나 간장, 된장과 같은 강한 양념을 한 요리와 잘 어울린다. 또는 민트와 양질의 엑스트라 버진 올리브오일을 듬뿍 뿌려 지중해풍 가지 요리와 곁들여도 좋다.

재료 3~4인분
- 큰 가지 3개
- 올리브오일 2큰술
- 소금 적당량
- 레몬 1/4개분의 즙
- 굵게 다진 민트 : 3큰술
- 잘게 다진 이탈리안 파슬리 1큰술

만드는 법

1. 가지는 꼭지를 떼고 세로로 2등분한 후 가지 속면 몇 군데에 X자 칼집을 넣는다. 손에 올리브오일 1큰술을 묻혀서 가지에 골고루 바른다.
2. 무쇠 냄비를 중불에 올리고 **1**의 가지를 잘 익도록 손으로 약간 눌러 넣은 다음 뚜껑을 덮는다. 3분 정도 지나면 뒤집어서 가지 위에 소금을 뿌리고 다시 뚜껑을 덮은 후, 2분간 찌듯이 굽는다.
3. 가지를 꺼내 식힌 후 그릇에 담는다. 가지에 레몬즙, 민트, 이탈리안 파슬리, 올리브오일 1큰술 순으로 뿌려낸다.

파스타 에그 그라탱

내추럴 와인과 안주 2

역시 내추럴 와인 안주로 잘 어울리는 파스타 에그 그라탱은 셰프였던 아버지가 가르쳐주신 레시피. 아버지는 늘 '삶은 달걀을 많이 올리면 맛있지'라고 말씀하셨다. 그라탱 소스로 생크림이 아닌 베샤멜 소스를 사용하기 때문에 좀더 풍부한 맛을 낼 수 있다.

재료 4인분

양파 1개
로스햄 4장
양송이 6개
삶은 달걀 4개
버터 30g
올리브오일 1큰술
화이트 와인 1/2컵
밀가루 30g

우유 2~3컵
소금 1/2큰술
후춧가루 약간
넛메그 1/2작은술
그뤼에르 치즈 50g
다진 파슬리 적당량
파마산 치즈
: 기호에 따라

파스타
펜네 250g
면 삶는 물
: 물 3ℓ+소금 10g

만드는 법

1 양파와 로스햄을 얇게 채 썬다. 양송이는 얇게 썬다. 삶은 달걀은 열십자로 4등분한다.

2 냄비에 버터와 올리브오일을 두르고 중불에서 양파를 볶는다. 양파가 부드러워지면 햄을 넣고 잠깐 볶다가 화이트 와인을 붓고 이어 밀가루를 더하여 볶는다. 약불로 줄여 우유를 넣고 크림 상태가 되면 양송이를 넣어 한소끔 끓인다. 끓고 나면 소금, 후춧가루, 넛메그를 더해 섞은 후 불을 끈다.

3 끓는 물에 소금을 넣고 펜네 파스타 면을 삶는다. 봉지에 쓰여 있는 조리 시간보다 1분간 더 삶고 물기를 빼둔다.

4 2에 삶은 파스타 면을 넣고 섞어서 오븐 접시에 담고 잘라둔 삶은 달걀을 얹는다. 오븐 접시 전체를 덮을 만큼 그뤼에르 치즈를 갈아 넣고 230도로 예열한 오븐에서 10분간 치즈가 노릇해질 정도로 굽는다.

5 다진 파슬리를 뿌려낸다. 기호에 따라 파마산 치즈를 더 뿌려 먹어도 좋다.

화이트 와인과 안주 1

문어 세비체

스페인 요리의 영향을 받은 중남미 요리 세비체ceviche는 해산물을 얇게 잘라 다진 채소와 함께 레몬이나 라임즙에 절여 만드는 가정식 요리다. 보기에도 화려하고 예쁜 데다, 라임과 허브가 들어가 한층 산뜻한 맛이 난다. 차가운 소비뇽 블랑이나 샴페인과 잘 어울리는데, 샤르도네나 비오니에, 슈냉 블랑과 같은 품종의 화이트 와인과 즐겨도 좋다.

재료 3~4인분

삶은 문어 250g
마늘 2쪽
양파 1/4개
셀러리 1개
청양고추 2개

오이지 1/2개
고수 잎 50g
올리브오일 2큰술
라임 1/2개

양념
소금 1작은술
라임 1개분의 즙
올리브오일 2큰술

만드는 법

1 삶은 문어를 먹기 좋게 한입 크기로 잘라 볼에 넣어둔다.
2 마늘은 다지고, 양파와 셀러리, 청양고추는 각각 5mm크기로 썬다. 오이지와 고수는 잘게 다진다.
3 팬에 올리브오일 2큰술과 다져놓은 마늘을 넣고 약불에 올린다. 마늘을 2분 정도 천천히 익히다가 노릇해지면 **1**의 볼에 붓는다.
4 볼에 **2**의 양파, 셀러리, 청양고추, 오이지, 고수를 넣고, 양념 재료를 소금, 라임즙, 올리브오일 순으로 더해 버무린다. 냉장실에서 1시간 동안 잰 다음 그릇에 담아 라임 조각을 얹어낸다.

화이트 와인과 안주 2

봄나물 페스토 파스타

봄이 되면 각종 봄나물이 시장에 등장하고 나는 설레기 시작한다. 특히 땅두릅은 내가 좋아하는 봄나물 중 하나. 허브에 올리브오일을 넣고 견과류와 같이 갈아서 페스토로 만드는 조리법에서 힌트를 얻어 땅두릅과 유채나물을 살짝 익혀서 갈아봤다. 쇼트 파스타와 버무려 먹으니 별미.

재료 4인분

봄나물 페스토
브로콜리 1개
땅두릅 4개
유채나물 100g
냉이 50g
마늘 2쪽
올리브오일 3큰술
소금 1작은술
물 400㎖

파스타
오레키에테 250g
면 삶는 물
: 물 3ℓ+소금 1큰술

고명
아스파라거스 8개
삶기용 소금물
: 물 3컵+소금 1/2작은술
올리브오일 약간
파르미자노
치즈가루 약간

만드는 법

1 **봄나물 페스토 만들기** 브로콜리, 땅두릅, 유채나물, 냉이는 5cm길이로 자르고, 마늘은 큼직하게 썬다. 팬에 올리브오일을 두르고 손질한 채소를 넣는다. 여기에 소금을 뿌린 후 물을 붓고 뚜껑을 덮어 중불에서 5분간 찐다. 채소가 부드러워지면 냄비에 남아 있는 채수와 함께 믹서에 넣고 퓌레 상태로 간다.

2 아스파라거스는 껍질을 벗기고 5cm길이로 잘라서 소금물에 데친다.

3 오레키에테 파스타 면은 봉지에 써 있는 삶는 시간보다 1분간 더 삶는다.

4 다 삶아진 파스타는 물기를 빼서 큰 볼에 넣고 **1**의 페스토를 2~3번 나누어 넣으며 버무린다.

5 그릇에 담아 데친 아스파라거스를 얹고 올리브오일과 치즈가루를 뿌려낸다.

두부 레몬 마리네이드

사케와 안주 1

두부 레몬 마리네이드는 미리 만들어둘 수 있어서 편리한 술안주. 두부를 오랫동안 레몬즙에 담가두면 치즈 같은 식감을 내기도 한다.

재료 2~3인분

탄탄한 두부 1모
소금 1/2큰술

레몬 마리네이드
레몬 1개분의 즙
다진 딜 2큰술
후춧가루 약간
소금 1/2작은술
올리브오일 4큰술

만드는 법

1. 두부는 면포나 키친타월에 싸서 채반에 올린 후 냉장실에서 하루 동안 물기를 뺀다.
2. 물기를 뺀 두부를 8등분하여 소금을 뿌리고 보관용기에 담는다.
3. 마리네이드 재료를 섞어 두부에 뿌리고 다시 냉장실에서 최소 4시간 정도 재운다.

화자오 풍미의
바지락 열무 찜

사케와 안주 2

중국요리에 빠질 수 없는 화자오(화초)로 오일을 만든 후 바지락 열무 찜에 끼얹어 먹는 일품요리이다. 밥반찬으로는 아깝다고 생각하는 건 내가 술꾼이기 때문일까? 차가운 사케 중에서 나마자케(열처리를 하지 않은 술)나 가볍게 즐길 수 있는 긴조 또는 쥰마이 등급의 사케와 잘 어울린다.

재료 2~3인분

화자오 오일 재료
화자오 1작은술
참기름 2큰술
식용유 1큰술

열무 300g
바지락 400g
멸치육수 300㎖

만드는 법

1 화자오를 굵게 빻는다. 소스 팬(작은 냄비)에 빻은 화자오, 참기름, 식용유를 넣고 약불에 올린다. 매운 마라 향 같은 화자오 향이 나고, 오일 색이 갈색으로 진해질 때까지 팬을 흔들면서 천천히 가열해 화자오 오일을 완성한다.

2 열무는 잘 씻어서 10cm길이로 썬다. 바지락은 해감한 후 껍질을 잘 씻어둔다.

3 냄비에 열무를 넣고 바지락을 얹는다. 멸치육수를 붓고 **1**의 화자오 오일을 전체적으로 뿌린 후 중불에서 끓인다. 끓기 시작하면 뚜껑을 덮고 약불에서 5분간 찐다.

맥주와 안주 # 닭고기 카레 나베

스키야키를 비롯한 각종 나베 요리를 섭렵하고 나서 슬슬 지겨워질 때쯤 카레 나베를 한다. 카레와 음식궁합이 좋은 닭고기를 한 마리 사서 카레장을 넣어 끓이기만 하면 끝이다. 카레 맛이 강해서 라거뿐만 아니라 진한 크래프트 맥주나 위스키를 많이 넣은 하이볼에도 잘 어울린다.

재료 4인분

카레장 재료
식용유 6큰술
쿠민 씨 1/2작은술
양파 1/4개 다진 것
다진 마늘 2큰술
다진 생강 3큰술
갈아놓은 건새우 3g
코리앤더 파우더
: 1큰술
강황 가루 1작은술
고춧가루 1작은술
가람 마살라 파우더
: 1작은술
청주 1큰술
미림 2큰술
물 2큰술
으깬 아몬드 1큰술
된장 2큰술
: 일본된장 4큰술
소금 1작은술

나베 국물 재료
물 2ℓ
다시마 1장(3×3cm)
볶음용 닭고기
: 1마리
저민 생강 2장
쌀 2큰술
대파(초록 부분) 2개

나베 재료
배추 1/6개
대파(흰 부분) 2개
방울토마토
: 10개 정도
레몬 슬라이스 2장
소금 약간
후춧가루 약간
고수
: 기호에 따라

만드는 법

1 **카레장 만들기** 팬에 식용유와 쿠민 씨를 넣고 약불에서 튀긴다. 여기에 다진 양파를 넣고 갈색이 될 때까지 볶은 후 다진 마늘, 생강을 넣고 더 볶다가 믹서로 간 새우를 넣고 같이 볶는다. 코리앤더 파우더, 강황 가루, 고춧가루, 가람 마살라 파우더를 더해 섞어주고 청주, 미림, 물을 넣은 후 중불에서 볶는다. 2~3분간 볶다가 물기가 날아가면, 으깬 아몬드, 된장, 소금을 넣고 섞어 조금 끓이다가 불을 꺼 카레장을 완성한다.

2 **나베 국물 만들기** 냄비에 물과 다시마를 넣고 약불에서 끓인다. 냄비 가장자리에 기포가 올라오기 시작하면 다시마를 건져내고 닭고기, 생강, 쌀, 대파(초록 부분)를 넣어 거품을 제거하면서 중불에서 15분 정도 더 끓인다. 대파를 건져 나베 국물을 완성한다.

3 배추는 3cm폭으로, 대파(흰 부분)는 어슷하게 썬다.

4 2의 냄비에 카레장을 넣고 5분간 끓인 후 나베 재료인 배추, 대파, 방울토마토, 레몬, 소금, 후춧가루를 넣고 한소끔 끓여 완성한다.

5 기호에 따라 고수를 얹어서 먹으면 풍미가 깊어진다.

카레장

Tip 1 밑줄 친 재료는 '모두의카레 파우더 2큰술'로 대체할 수 있다.
Tip 2 나베 국물에 넣는 재료 중 '쌀'은 감칠맛을 내기 위한 것이다.

하이볼과 안주

니쿠자카

니쿠자가(肉じゃが)는 대표적인 일본 반찬이다. 어머니는 니쿠자카 양념 간은 간사이식으로 연하게 하면서, 소고기 대신 돼지고기를 쓰는 도쿄식을 혼합해 만들어주셨다. 오사카와 교토를 비롯한 간사이 지방에서는 니쿠자카에 소고기를 쓰고, 도쿄는 돼지고기를 쓴다. 간사이 지방 출신 친구들은 "너네 돼지고기 쓰지? 소고기가 훨씬 비싼 재료야." 그러면 나는 "아냐, 니쿠자가에 돼지고기를 넣어야 육수가 연하고 맛있어!!" 이렇게 말싸움을 하기도 했다. 아무래도 간사이식은 밥 반찬보다 안주로 즐기게 된다.

재료 4인분

감자 3~4개
양파 2개
당근 1/2개
꽈리고추 10개
불고기용 소고기 : 300g
식용유 약간

양념

물 300㎖
청주 3큰술
간장 4큰술
비정제 설탕 4큰술

만드는 법

1 알감자는 껍질을 깐다. 양파는 1cm두께로 결대로 썬다.
당근은 껍질을 깎아 3~4cm두께로 썬다. 꽈리고추는 꼭지를 뗀다.
소고기는 한입 크기로 썬다.

2 냄비에 식용유를 두르고 **1**의 감자, 양파, 당근을 1분간 볶다가
감자가 투명해지면 물과 청주를 넣고, 강한 중불에서 한소끔 끓인다.

3 **2**에 소고기를 넣고 중불에서 끓인다. 이때 거품을 깨끗이 제거하며 끓인다.

4 감자에 이쑤시개를 넣었을 때 살짝 들어갈 정도로 익었으면 설탕을 넣고
5분간 더 끓인다. 간장을 더한 후 속뚜껑을 덮어서 약한 중불에서 조린다.
끓는 동안 골고루 색이 배도록 2번 뒤적여준다.

5 국물이 3분의 1 정도 줄어들면 속뚜껑을 열어 꽈리고추를 넣고
중불에서 한소끔 끓여 물기를 날린다.

PART 3

함께 만들고 즐기는 식탁

Recipe

○ 쿠시카츠 3종 세트

  : 쿠시카츠, 메추리알 쿠시카츠, 채소 롤 쿠시카츠

○ 어묵 나베 | 차슈와 차슈 밥

○ 라자냐와 방울토마토 샐러드

○ 물만두와 샤브샤브

우리가 함께
만들어 먹는 이유

아이들이 반주를 즐길 나이가 되면 같이 와인을 마시면서 인생을 주제로 이야기 꽃을 피워보리라. 그날을 손꼽아 기다렸건만, 내로라하는 술꾼 집안에서 태어난 아이들이 어찌된 일인지 술을 즐기지 않는다. 강권하다시피 해야 마지못해 한잔 마셔주는 게 고작이다.

"빈티지 샴페인을 선물 받았는데, 한잔 할래?"

항상 비싼 와인을 반주로 마시지는 않지만, 선물로 받거나 가끔 큰맘 먹고 산 고급 와인이 있으면 일단 아들들에게 물어본다. 스물세 살인 장남은 그래도 자신의 와인 잔을 꺼내며 마시겠다고 하지만, 반주에 동참하는 일이 거의 없는 스물한 살 둘째 녀석은 고개를 좌우로 흔들 뿐이다. 늘 그런 반응인데도,

"정말? 그래도 모처럼인데, 한잔만 해."

엄마인 나는 집요하게 권한다. 뭐야, 레스토랑에서 외식할 때는 와인을 두 잔 넘게 꼭 마시면서. 여하튼 코로나 시국에 친구들과 술자리도 즐기지 못하고 저녁에는 거의 집에 있는 대학생인 두 아들은, 요즘 집에서 일하거나 일찍 퇴근하는 남편과 함께 집밥을 먹는

다. 보통 한 시간 정도 걸려서 밥을 짓고 된장찌개든 미소시루든 국물음식 한 가지, 그리고 누가 봐도 술안주라고 할 반찬을 세 가지 정도 만든다. 김치류를 꺼낼 때도 있지만, 엄마의 독단으로 그날의 와인에 어울리지 않으면 생략한다.

먹성이 좋은 첫째 녀석은 저녁 식사가 시작될 시간을 가늠해서 2층 주방으로 다가와 수저를 꺼내기도 하고 접시를 놓아주기도 한다. 좋아하는 고기 요리나 부침개를 할 때면 자신이 굽겠다며 프라이팬을 잡고 제법 능숙하게 완성해낸다.

"자, 밥 먹자!"

둥근 식탁에 가족 네 명이 모이면 일단 건배. 억지로 건배를 강요하는 부모 때문에 일단 와인 잔을 들어 올리는 아들들. 평화롭게 저녁을 즐긴다……는 사실 거짓말이다. 그랬으면 좋겠다고 생각할 뿐. 부모의 반주 시간이 길어지는 것을 알고 있는 아들들은 그저 몇 마디 섞은 후, 식사를 마치면 개수대에 자신의 식기를 넣고는 재빨리 사라진다. 맛있었다는 말은 해준다. 그렇다. 아들들은 술을 못 마시는 것이 아니다. 부모와의 술자리라니, 달갑지 않으리라 생각했다. 나 역시 그들 나이에는 집에서 부모님과 반주를 하지 않았으니까.

"엄마가 만드는 집밥은 밥반찬이 아니라 아무리 봐도 술안주야."

어느 날 결국 둘째 녀석에게 한소리를 들었다. 서너 살 무렵부터 부모의 저녁 술자리에 동참해야 했던 아들들은, 일반적인 한국의 가정 요리와는 다른 음식을 먹어왔다. 미각이 제대로 형성되지 않은 유아기에는 자극적인 요리나 소화에 좋지 않은 조리법은 피하고 아이들이 좋아하는 식재료를 주로 사용했지만, 식단은 늘 부모가 먹고 싶은 것으로 정했다. 아이들이 어린이집에 다닐 무렵부터는 더욱 거침이 없어졌다. 오늘 밤은 화이트 와인이니까 파스타와 로스트치킨으로 준비해야지. 그리고 아이들에게도 스테인리스 포크와 나이프를 쥐여주고 함께 식탁에 둘러앉아 먹었다. 이제 이십 대가 된 아이들. 굳이 부모의 술자리에 동참하지 않더라도 '맛있는 기억'은 그들 가슴과 머릿속에 확실히 자리 잡고 있으리라고 믿고 있다. 어쩌면 '아들 바보'인 엄마의 착각일지도 모르지만.

"선생님 덕분에 우리 아들이 둘도 없는 미식가로 자랐어요. 고맙습니다."

올해 초, 희수 엄마가 보낸 문자메시지다. 올봄에 초등학교에 입학한 희수는 세 살 무렵부터 엄마를 따라 요리교실에 오곤 했다. '은곡 도마' 대표로 일하는 희수 엄마가 베이비시터를 구하지 못한 날이면 희수를 데리고 왔던 것이다. 아직 아기 티를 벗지 못했던 희수는 자신의 엄마보다도 나이가 많은 어른들에게 둘러싸여 처음에는 꽤 낯을 가렸다. 하지만 늘 맛있는 냄새가 감돌고, 경쾌한 도마 소리가 울리는 요리교실에 금세 적응했다. 먹음직스럽게 익어가는 스테이크를 눈으로 직접 확인하고, 아직 살아 있는 주꾸미를 만져보기도 하면서 엄마가 티스푼으로 떠주는 음식을 맛본다. 어른들이 복작복작 모여서 맛있어 보이는 음식을 만들고 커다란 탁자에 둘러앉아 맛있게 먹는 광경. 호기심 왕성한 희수에게는 연희동 요리교실이 놀이동산처럼 즐거운 공간이 아니었을까. 어린 희수의 오감을 자극했던 요리교실 체험은 그의 기억 속에 즐겁고 맛있는 추억으로 또렷이 새겨졌을 것이다. 희수에게 쌓인 '맛있는 기억'은 사춘기를 극복할 힘이 되고, 훗날 독립하게 됐을 때도 건강한 식생활을 유지할 수 있게 해주리라 믿는다.

  희수에 대해 생각하다 보니, 프랑스에서 실천하고 있는 아이들 대상의 미각교육 프로그램이 떠올랐다. 프랑스의 미각교육협회 ANEGJ, Association Nationale pour l'Education au Goût des Jeunes는 먹는 행위가 오감(시각, 후각, 미각, 촉각, 청각)이 모두 동원되는 유일한 행위라고 설명한다. 미각교육은 스스로 느끼고 생각하는 힘, 느끼고 판단하는 힘, 느낀 것을 표현하고 다른 사람과 공감하는 힘을 키워주고, 이는 곧 삶을 살아가는 힘이 된다는 것이다. 그리고 미각은 가르칠 수도 배울 수도 없는 것이며, 오감의 기억과 경험이 크게 작용하여 사람마다 다른 고유의 미각이 형성된다고 한다. 어렸을 때부터 스스로 느끼고 생각하는 것이 몸에 배면 음식에 대한 편견이나 편식 없이 필요한 음식을 고를 수 있게 되며 자연스럽게 균형 잡힌 식습관이 생긴다는 설명이다.

  "희수야! 엄마가 이 당근 잘라줄 테니까 먹어봐. 어때, 단맛이 나지?"

"희수야! 선생님이 가져온 이 햄은 프로슈토라고 한단다. 짜니? 돼지 넓적다리로 만든 햄이야. 훈제하지 않고 햄으로 만든대. 이탈리아라는 나라에서 만드는 거야."

아이에게 설명을 해주는지 자신을 위해 복습을 하는지 알 수 없지만, 여하튼 끊임없이 알려주곤 했다. 희수 엄마는 자신이 요리 중일 때 아이가 다가와도 "저쪽에 앉아서 기다려"라는 말을 절대 하지 않았다. 요리교실에서는 부엌칼이 오가고, 불도 많이 사용한다. 그 사이로 어린 희수가 돌아다니면 선생인 내가 오히려 불안한 마음이 들었다. 하지만 식재료를 손에 들고 주문을 외듯 설명하는 엄마 옆에서 희수는 호기심 가득한 눈을 반짝이며 열심히 집중했다.

희수 엄마가 참 대단하다고 생각했다. 나는 어렸을 때부터 음식에 호기심이 많아서 누가 시키지 않아도 요리하는 부모 옆에 달라붙어서 희수처럼 오감을 자극하는 경험을 쌓았던 듯하다. 우리 아이들에게도 똑같은 체험을 안겨주고 싶었지만, 성격이 급한 탓일까. 나는 '맛있는 기억'을 심어주기 위해 맛있는 것을 만들어줬지만, 함께 차분하게 먹으면서 아이들의 오감을 키워주는 과정을 경험시켜주지는 못했다. 요리를 업으로 하는 엄마의 장점을 최대한 살려서 아이들이 느낀 바를 표현하고 다른 사람과 공감하는 습관을 키워줬다면 첫째 녀석도 사춘기를 그렇게 힘들게 보내지는 않았으리라. 엄마로서 실격이다 싶어 자신을 책망하는 이유이기도 하다.

요즘 들어 집밥을 먹을 기회가 늘어난 대학생 아들들은, 처음에는 부모와의 저녁 술자리를 피해 재빨리 식사를 마치고 1층의 요리 교실 아틀리에로 도망갔다. 노트북을 켜고 캔맥주라도 한잔하려나 생각했는데, '딩동' 하고 초인종이 울린다. 예의 배달 음식이다. 친구들과의 술자리가 줄어든 대신 용돈으로 온갖 배달 요리를 주문하고 있었다. "냉장고에 식재료 있잖아. 어차피 집에 있는 참에 케첩이든 마요네즈든 잔뜩 써도 괜찮으니까 배달시키지 말고 직접 만들어 먹어라." 먹다 남긴 음식물 쓰레기를 보고, 처음에는 귀가 따갑도록 잔소리를 해댔다.

여전히 원격 수업이 이어지는 가운데, 요즘에는 아이들이 초등학생 때 즐겨 먹었던 만두와 라자냐, 쿠시카츠, 고로케 등의 메뉴가 자주 식탁에 등장하게 되었다. 만두소를 만들어 일일이 만두피로 감싸야 하는 만두, 재료를 다지고 뭉쳐서 빵가루를 입히고 튀겨야 하는 고로케, 재료를 자르고 뭉치고 꼬치에 꽂아야 하는 쿠시카츠. 혼자서는 도저히 엄두가 안 날 정도로 방대한 요리 과정이 있지만 서로 일을 나누기 때문에 순식간에 완성된다. 아이들도 어렸을 때의 '맛있는 기억'이 되살아났는지, 최근에는 배달 음식 도착을 알리는 초인종 소리가 거의 들리지 않는다.

아이들을 통해 이십대의 식생활이 엿보인다. 걱정스럽고 막막해 보일지 몰라도 천 리 길도 한 걸음부터라고 했다. 굳이 복잡한 과정이나 정통 요리법에 얽매이기보다는, 쉽게 구할 수 있는 재료를 사서 조미료를 넣더라도 직접 만들어서 먹는 것이 중요하다. 그러면서 건강하게 먹고 또 살아가기 위해 어떻게 하면 좋을지 스스로 생각하기를, 먹는 행위를 통해 혼자가 아니라는 연대감을 느낄 수 있기를 바랄 따름이다. 이런 생각을 하다니, 나도 나이가 든 모양이다.

쿠시카츠 3종 세트

쿠시카츠 3종 세트

쿠시카츠串カツ는 아이들이 어렸을 때, 먹이고 싶은 일념으로 열심히 여러 재료를 손질하고 꼬치에 꽂아 튀겨내던 요리이다. 어머니도 내게 쿠시카츠를 튀겨주곤 하셨는데, 늘 아버지와 함께 해주셨다. 쿠시카츠는 돈가스에서 파생한 요리라서 기본적으로 돼지고기를 사용하지만, 닭고기나 흰살생선도 좋고 연근이나 우엉, 당근 등의 채소도 미리 데쳐두었다가 꼬치에 끼워 빵가루를 입힌 후 튀기면 된다. 만드는 법은 이렇듯 단순한데, 품이 든다. 그래서 가족이 함께 만들면 더욱 맛있는 요리!

1 쿠시카츠

재료 4인분(꼬치 12개 분량)

돼지 목살 400g
양파 1개
대파(흰 부분) 2개
소금 약간
후춧가루 약간

튀김옷
밀가루 1컵
달걀 2개
빵가루 3컵
튀김기름 1ℓ

1. 돼지 목살은 한입 크기로 썬다. 양파는 열십자로 8등분하고, 대파는 5cm길이로 썬다.
2. 꼬치에 채소(대파), 고기, 채소(양파), 고기 순으로 꽂는다.
3. 꼬치에 소금, 후춧가루를 뿌린 후 밀가루, 풀어놓은 달걀, 빵가루 순으로 묻혀서 170도로 가열한 튀김기름에 천천히 노릇하게 튀긴다. (미리 초벌로 튀긴 다음 먹기 전에 180도로 가열한 기름에 튀겨도 좋다.)

Tip 꼬치나무는 미리 물에 30분 정도 담가둬야 튀길 때 타지 않는다.

2 메추리알 쿠시카츠

재료 4인분(꼬치 4개 분량)

메추리알 12개

튀김옷
밀가루 1/2컵
달걀 1개
빵가루 2컵
튀김기름 1ℓ

1. 꼬치 하나당 메추리알을 3개씩 꽂는다.
2. 꼬치를 밀가루, 풀어놓은 달걀, 빵가루순으로 묻혀서 170도로 가열한 튀김기름에 천천히 노릇하게 튀긴다.

3 채소 롤 쿠시카츠

재료 4인분

샤브샤브용으로
얇게 썬 돼지
앞다리 살
: 500~600g
아스파라거스 8개
방울토마토 8개
셀러리 줄기부분
: 2개
연근 15cm길이 1개
소금 약간
후춧가루 약간

튀김옷
밀가루 1컵
달걀 2개
빵가루 3컵
튀김기름 1ℓ

1. 아스파라거스는 밑둥에서 10cm 위쪽 부분의 껍질을 필러로 벗겨내고 5cm길이로 썬다. 방울토마토는 꼭지만 제거한다. 셀러리는 껍질을 필러로 살짝 벗겨내고 5cm길이로 썬다. 연근은 껍질을 벗겨 폭 2~3cm의 반달 모양으로 썰어 10분간 물에 담가둔다.
2. 각각의 채소 재료들을 돼지고기로 감싸 돌돌 만다. 채소 1개 당 돼지고기 1점이다.
3. 꼬치에 소금, 후춧가루를 뿌린 후 밀가루, 풀어놓은 달걀, 빵가루 순으로 묻혀서 170도로 가열한 튀김기름에 천천히 노릇하게 튀긴다.

쿠시카츠 소스 4종 세트

❶ 된장소스

재료 4인분

된장 2큰술
사케 4큰술
설탕 3큰술
간장 1/2작은술
참깨 약간

1 작은 냄비에 된장, 사케, 설탕, 간장을 넣고 약불에서 2~3분간 조린다.
2 물기가 줄어들면 완성이다. 소스에 참깨를 뿌려낸다.

❷ 데미그라스 소스

재료 4인분

레드와인 2큰술
물 2큰술
고형 수프스톡 가루 : 1/2작은술
케첩 4~5큰술
돈카츠 소스 : 2와 1/2큰술
곁들임용 겨자 : 기호에 따라

1 작은 냄비에 모든 재료를 넣고 중불에서 끓인다.
2 끓어오르면 약불에서 2~3분간 더 끓여 완성한 후 겨자와 함께 낸다.

❸ 발사믹 소스

재료 4인분

사케 1큰술
발사믹 소스 1큰술
우스터 소스 1큰술
케첩 2큰술
물 1컵

1 작은 냄비에 모든 재료를 넣고 중불에서 끓인다.
2 끓어오르면 약불로 줄이고, 살짝 걸쭉해질 때까지 끓이면 완성이다.

❹ 레몬 폰즈 소스

재료 4인분

미림 1/2컵
간장 5큰술
식초 2큰술
레몬즙 4~5큰술
다시마(5×5cm) 1개

1 작은 냄비에 미림 1/2컵을 넣고 한소끔 끓이다가 약불에서 졸인다.
2 불을 끈 후 나머지 재료를 모두 넣고 식힌다.

어묵 나베 — 차슈와 차슈밥

어묵 나베

어묵 나베는 제대로 만들려면 꽤 손이 가는 요리. 하지만 여기서는 복잡한 과정을 생략하고 간편하게 만드는 방법을 소개한다. 한국의 어묵 전골에서 힌트를 얻어 대파 소스를 만들어보았다.

재료 3~4인분

가다랑어포 다시물
물 2ℓ
다시마 조각
: 5cm 2장
가다랑어포 1컵

나베용 재료
무 10cm 1개
쌀뜨물
: 또는 쌀 1작은술 +
  무가 잠길 정도의 물
어묵볼 10개
곤약 1장
삶은 달걀 4개

대파 소스
대파 흰 부분 1/2개
가다랑어포 약간
간장 1큰술

나베 육수
가다랑어포 다시물
: 1.5ℓ
국간장 2큰술
: 또는 키코만 생간장
  3큰술
청주 3큰술
소금 1/2작은술

만드는 법

1. **가다랑어포 다시물 만들기** 냄비에 물을 넣고 다시마를 30분간 담근다. 냄비를 중불에 올리고 기포가 보글보글 올라오는 상태(70~80도)를 유지하며 10분간 끓인다. 불을 끄고 다시마를 건져낸 후 가다랑어포를 넣고, 중불에서 다시 한소끔 끓인다. 끓어오르면 바로 가다랑어포를 체로 건져낸 후 불을 끈다.

2. **나베용 재료 손질** 무는 껍질을 깎아 2cm두께로 동그랗게 자르고 쌀뜨물(또는 쌀 1작은술을 넣어 끓인 물)에 데친다. 어묵볼은 끓는 물을 부어 기름기를 빼둔다. 곤약은 3X3cm크기로 썰어 끓는 물에 살짝 데친다. 삶은 달걀을 준비해둔다.

3. **대파 소스 만들기** 대파를 잘게 다지고 물에 5분간 담가둔다. 대파의 물기를 잘 빼서 그릇에 담고, 손으로 부순 가다랑어포와 간장을 넣고 잘 섞는다.

4. 무쇠 냄비나 솥 냄비(직경 약 22cm)에 **1**의 가다랑어포 다시물을 붓고 국간장, 청주, 소금으로 간을 한 후 **2**의 나베용 재료를 넣고 약불에서 30분간 보글보글 끓인다. 무가 부드러워지면 그릇에 담아서 대파 소스를 곁들여낸다.

차슈

여기에 소개하는 차슈叉燒는 아버지표 비장의 레시피이다. 차슈는 껍질이 붙어 있는 삼겹살에 소금과 오향분 등의 향신료를 발라 화로에서 갈색이 되도록 굽는 요리이다. 하지만 아버지의 레시피는 '차슈'에서 힌트만 얻어 만든 일본식 '수육'에 가깝다. 아버지는 예전부터 자주 차슈를 만들어주셨는데, 내가 결혼 후 본가에 다녀갈 때면 미리 만들어둔 차슈를 챙겨주곤 하셨다. 만드는 법은 지극히 단순하다. 게다가 햄처럼 냉장고에 두고 먹을 수 있어서, 나는 한 번에 2킬로그램 정도의 양을 만들어둔다.

재료 4인분

돼지고기 목살
: 또는 삼겹살 덩어리
  1kg
명주실
식용유 1큰술

육수
가다랑어포 다시물
: 300㎖
  (75쪽 참조)
간장 300㎖
미림 300㎖

생강
: 엄지손가락 크기 1톨
마늘 10쪽
대파(초록 부분) 4개

만드는 법

1 돼지고기 목살은 반으로 길게 자르고 모양이 흐트러지지 않도록 명주실로 묶는다.
2 팬에 식용유를 두르고 강불에서 돼지고기의 겉면만 노릇하게 굽는다.
3 육수 재료를 냄비에 넣고 섞은 후 구워놓은 돼지고기를 냄비에 넣는다.
4 생강은 껍질을 깎는다. 마늘은 밑동을 자른다. 대파는 반으로 썬다.
5 3의 냄비에 손질한 생강, 마늘, 대파를 넣고 강불에서 끓인다.
6 끓어오르면 거품을 제거하고 뚜껑을 닫아 중불에서 20분간 끓인다. 포크로 찔렀을 때 분홍색 육즙이 나오면 7~8분간 더 끓인다.
7 불을 끄고 고기를 넣어둔 상태로 양념이 잘 배도록 냄비가 식을 때까지 둔다.
8 고기를 꺼내 한 김 식힌 후 가능한 한 3mm두께로 얇게 썰어낸다.

차슈 밥

여기서는 밥에 차슈를 얹어 먹는 차슈 덮밥이 아닌, 차슈를 넣어 밥을 짓는 방법을 소개한다. 가족이나 친구들이 모였을 때 보쌈 대신에 차슈 밥을 내놓는 건 어떨까. 물론 배추김치와도 찰떡궁합이다.

재료 3~4인분

- 차슈 300g
  : 슬라이스 10~12장
- 대파(흰 부분) 1개
- 맵쌀 1컵
- 찹쌀 1컵
- 차슈 육수 250㎖
- 물 100㎖
- 쌀소주 50㎖
- 소금 1작은술
- 참기름 약간

만드는 법

1. 차슈는 3mm두께로 얇게 썬다. 대파는 3cm길이로 가늘게 채 썰어 찬물에 담가둔다.
2. 맵쌀과 찹쌀을 섞은 후 잘 씻어 체에 받쳐 물기를 뺀다.
3. 솥에 **2**의 쌀, 차슈 육수, 물을 넣고 30분간 담가둔다.
4. **3**에 쌀소주와 소금을 넣고 강한 중불에서 밥을 짓는다. 끓기 시작하면 약불에서 5분간 수분이 없어질 때까지 끓인 후 불을 끈다. 뚜껑을 열고 차슈를 얹는다. 다시 뚜껑을 덮어 10~12분간 뜸을 들인다.
5. 밥을 잘 저어 대파와 참기름을 뿌려 식탁에 낸다.

라자냐와 방울토마토 샐러드

라자냐와
방울토마토 샐러드

아이들이 무척이나 좋아했던 라자냐. 가끔 구워주면 커다란 오븐 접시에 가득 담긴 라자냐를 순식간에 먹어치운다. 하지만 라자냐는 파스타 요리 중에서 가장 손이 많이 가는 요리인 탓에 아이들을 위한 간단 레시피가 탄생했다. 라구 소스를 끓일 때 판체타나 베이컨을 넣기 때문에 단시간에 감칠맛을 낼 수 있다. 라자냐를 오븐에 굽는 동안, 방울토마토 샐러드를 만들어 곁들였다.

라자냐

재료 4~6인분

라구 소스
양파 1개
셀러리 1줄기
당근 1/2개
올리브오일 3큰술
소고기 다짐육 : 200g
돼지고기 다짐육 : 200g
판체타 100g
레드 와인 300㎖
토마토퓌레 300㎖
소금 1큰술

베샤멜 소스
올리브오일 1큰술
버터 90g
밀가루 60g
우유 600㎖
소금 약간
—
파마산 치즈 50g
페코리노 치즈 50g
라자냐 시트 6장

1 **라구 소스 만들기**
  ① 양파, 셀러리, 당근을 잘게 다진다.
  ② 팬에 올리브오일을 두르고 ①의 채소를 강한 중불에서 부드러워질 때까지 볶는다.
  ③ 팬에 소고기와 돼지고기, 판체타를 더해 2~3분 정도 볶다가 레드 와인, 토마토퓌레를 넣고 약한 중불에서 졸인다. 소금으로 간을 하고 불을 끈다.

2 **베샤멜 소스 만들기**
  ① 소스 팬에 올리브오일과 버터를 올려 약한 중불에서 타지 않을 정도로 녹인다.
  ② 밀가루를 넣고 약불에서 잘 젓는다.
  ③ 밀가루가 고슬고슬하게 볶아지면 우유를 넣어 크림 상태로 만든다.
  ④ 소금으로 간을 하고 불을 끈다.

3 파마산 치즈와 페코리노 치즈는 강판으로 갈아둔다.

4 오븐 그릇에 라자냐 시트, 라구 소스, 베샤멜 소스, 치즈 순으로 얹는데, 이를 2번 반복한다.

5 200도로 예열한 오븐에서 30분간 굽는다. 치즈가 노릇노릇하게 구워지면 오븐에서 꺼낸다.

방울토마토 샐러드

재료　4~6인분

방울토마토 500g(1팩)
마늘 5쪽
이탈리안 파슬리 2큰술
굵은 소금 1작은술
엑스트라 버진 올리브오일 5큰술

1　방울토마토는 잘 씻어서 꼭지를 떼고 열십자로 4등분한다. 마늘과 이탈리안 파슬리는 잘게 다진다.
2　굵은 소금은 절구에 으깨는데 알맹이가 살아 있는 정도가 좋다.
3　볼에 **1**, **2**의 재료를 넣고 올리브오일을 뿌린 후 버무린다.
4　잠시 두었다 먹었을 때가 가장 맛있고, 냉장고에 보관해서 3일 정도까지 먹을 수 있다.

물만두와 샤브샤브

물만두와 샤브샤브

물만두는 어머니가 자신 있어 하는 요리였다. 중국식으로 돼지고기와 부추, 배추, 양배추를 다져서 만든 만두소를 만두피로 감싼 후 끓는 다시마 육수에 넣었다가 떠오르면 초간장에 찍어 먹는다. 겨울에 온 가족이 고타쓰를 에워싸고 앉아서 먹었던 전골 요리 중 하나. 여러 사람이 같이 만두를 빚다 보면 더욱 즐겁고 활기가 넘친다. 내가 좋아하는 요리 중 하나인 만큼, 다양한 재료로 만두소를 만들어봤는데, 여기에 일부를 소개한다. 여러분도 자기만의 만두소를 개발해보시길!

재료 3~4인분 시판용 만두피(중간 크기) 25장

만두소 1: 돼지고기와 채소
A 돼지고기 다짐육 200g
양배추 또는 알배추 200g
: 살짝 데쳐 물기를 뺀 후 다진 것
갈아놓은 생강 1작은술
부추 10줄기 또는 셀러리 2줄기
: 다진 것
B 소금 1/2작은술
청주 1작은술
간장 2작은술
참기름 1큰술
전분 1큰술
표고가루 1큰술

만두소 2: 새우와 버섯
A 다진 새우 살 200g
: 내장을 제거한 것
목이버섯 3장
: 물에 불려서 다진 것
달걀 2개
: 스크램블한 것
다진 마늘 1/2작은술
B 소금 1/2작은술
청주 1작은술
간장 2작은술
참기름 1큰술
전분 1큰술

소스
대파(흰 부분)
: 10cm크기 1개 다진 것
흑식초 2큰술
간장 1큰술
참기름 2큰술
얇게 채 썬 생강 약간

샤브샤브용 육수
다시마 1장(5×5cm)
물 3ℓ
청주 1큰술
소금 1/2작은술

만드는 법

1 **만두소 만들기** 볼에 재료 A를 순서대로 넣고 잘 섞는다. 여기에 재료 B를 넣고 찰기가 날 때까지 치댄다.

2 **만두 빚기** 만두피 바깥쪽의 반쪽에만 물을 살짝 바른다. 만두피 가운데에 만두소를 15g씩 넣고 반으로 접어 반달 모양으로 만들어둔다.

3 볼에 소스 재료를 넣고 섞어둔다.

4 **샤브샤브용 육수 만들기** 냄비에 물과 다시마를 넣고 1시간 정도 둔다. 약불에 올려 한소끔 끓어오르면 청주와 소금으로 간을 한 후, 다시마를 건져낸다.

5 끓고 있는 육수에 샤브샤브식으로 만두를 5개씩 넣어가며 익혀 먹는다. 만두가 위로 동동 떠오르면 다 익은 것이다.

6 만두를 다 먹고 남은 육수에 샤브샤브용 돼지고기, 해산물(가리비, 새조개 등), 봄나물(두릅, 미나리, 유채나물 등), 겨울에는 배추, 대파 등의 제철 채소를 먹기 좋게 잘라서 넣고 익혀 소스에 찍어 먹어도 좋다.

PART 4

한국 채소 요리

Recipe

○ 고사리와 루콜라 샐러드

○ 더덕 고추장 구이

○ 알타리무 수프

○ 배추와 베이컨 오븐구이

○ 대저 토마토 가스파초 소면

요리교실 선생님이
다니는 요리교실

　세상이 다 잠든 듯 고요한 한밤중. 주방에서 하루 동안 수돗물에 담가두었던 말린 고사리를 삶고 다시 찬물에 담가 풀어주는 작업을 반복하고 있자니, 문득 예전부터 한국과 일본은 가깝고도 먼 나라라고 했던 이유를 알 것 같은 기분이 들었다.

　고사리는 일본어로는 와라비蕨, わらび. 어릴 적 니카타 현의 사도가시마에 살았을 때 할머니는 초봄이 되면 자연산 고사리로 나물을 만들어주셨지만, 나는 "고사리 같은 건 나이 든 사람이 먹는 음식"이라며 손도 대지 않았다. 그후로도 생고사리든 말린 고사리든 고사리는 미지의 식재료였고, 그대로 잊혔다.

　"애미야, 고사리 싫어한다길래 오늘은 소고기랑 같이 볶아봤다. 보내줄 테니 먹어보렴. 참, 그리고 마늘도 깨끗하게 씻어서 믹서로 갈아놨는데 같이 보내줄까? 냉동실에 넣어두고 먹으면 돼."

　한국인 남편과 결혼한 지 23년. 내 기억에서 사라졌던 고사리가 시어머니를 통해 되살아났다. 다진 마늘의 흰 알갱이가 점점이 뿌려진 진갈색의 나물. 고소한 참기름 냄새에 한 입 집어 먹고 싶기도 하지만, 외양은 여전히 맛있어 보이지 않는다. 경상북도 태생인 시어머니는 참기름과 조선간장의 풍미가 미묘하게 어우러지는 고사리나물을 자주 만드신다. 고사리나물을 만들 때는 애들 할아버지가 좋아하신다며 반드시 콩나물과 무나물도 함께 만드셨다. 시어머니가 만드는 하얀 콩나물과 무나물은 양념으로 버무리는 방식이 아니라, 무와 콩나물이 잠길 정도의 물을 넣고 소금과 고소한 참기름을 더해 끓이다가 무가 적당히 익으면 그대로 식혀서 먹는 방식이다.

시어머니표 무나물과 콩나물의 조리 방식이 무언가와 비슷하다고 생각했는데, 바로 일본의 소송채와 가지 니비타시にびたし였다! 니비타시는 가다랑어포 육수에 간장, 소금, 미림으로 간을 맞춘 다음 데친 시금치와 같은 나물용 채소를 식을 때까지 담가두었다가 먹는다. 여하튼 시어머니표 삼색 나물은 무와 콩나물의 흰색과 고사리나물의 진갈색이 조화를 이루어 무척이나 매력적이다. 하지만 내 식탁에서는 흰색의 콩나물과 갈색의 고사리나물 사이에 초록색의 시금치나물이 자리 잡고 있다. 이 시금치나물이 선명한 초록색을 자랑하며 주인공인 척하지만, 사실 삼색 나물의 주인공은 시금치나물도 콩나물도 아닌 고사리나물일 터다.

우리가 음식을 먹을 때 느끼는 맛은 사실 음식의 색깔과 떼려야 뗄 수 없는 관계가 있다고 한다. 음식을 먹을 때 가장 활성화되는 감각은 미각(맛)도 후각(향)도 아닌 시각이며, 음식의 맛을 판단하는 오감(미각, 후각, 촉각, 시각, 청각) 중에서 시각정보가 87퍼센트를 차지한다는 학설도 있을 정도이다. 나는 음식의 맛은 후각과 미각으로 결정된다고 믿었기에 의외였는데, 그러면서도 솔깃했다. 어려서부터 즐겨 먹던 음식이 아닌 탓도 있겠지만 고사리나물의 색깔이나 모양이 내게 거부감을 주는 것만은 확실하기 때문이다.

맛있을 것 같은 느낌이 도무지 들지 않는 고사리. 어쩌면 시어머니의 대표 반찬이어서 더욱 멀리했던 고사리나물. 고사리나물을 둘러싼 한일 고부간 갈등이라니, 음식 드라마 한 편이 나올 듯하다. 그래도 시어머니 덕분에 조금씩 익숙해진 고사리를 좋아하게 된 계기는 예바라기 선생님과의 만남이었다. 시어머니와 마찬가지로 경상북도 출신인 예바라기 선생님은 원래 공간 디자이너로 활약했는데, 지금은 경상북도의 가정 요리를 가르치고 있다. 내가 운영하는 연희동의 요리교실처럼 그곳에서도 재료는 대체로 선생님이 준비해둔다. 그리고 그날그날의 요리에 따른 재료 손질법, 양념의 종류와 분량 등을 수강생들이 눈과 손으로 직접 확인할 수 있는 방식으로 수업을 진행한다. 예바라기 요리교실에 다닌 지 이래저래 7년 가까이 됐는데, 선생님 덕분에 한국 요리의 진수를 아주 조금은 느껴본 듯하다.

내가 예바라기 요리교실에 처음 갔을 때 등장한 요리가 고사리나물 루콜라 샐러드였다. 따뜻한 재료에 생 채소와 허브를 섞는 조리법은 이 요리교실의 샐러드 기법 중 하나. 향기롭고 상쾌한 여운이 남는 루콜라와 고사리나물의 조합도 신선한 충격이었지만, 예바라기 선생님의 남다른 감각도 존경스러웠다. 어렸을 때부터 먹었던 익숙한 식재의 경우에는 그 재료의 특성을 잘 알고 있으니 새로운 식재와의 조합을 쉽게 생각해낼 수 있다. 하지만 한편으로는 '알타리무는 김치, 배추는 김치와 배춧국, 배추전'이라는 식으로, 선입관을 가지기 십상이다. 요리교실에서 수강생들에게 입에 침이 마르도록 하는 말이 바로 식재료에 대한 선입관에서 자유로워지기이다. 나 자신도 요리교실의 레시피를 고민할 때마다 늘 염두에 두는 말이기도 하다.

그러고 보니 요전에 용산에 새롭게 개업한 와인 비스트로에서 고사리나물 라구 파스타라는 메뉴를 주문했는데 무척 맛있었다. 주인은 원래 대구에서도 와인 비스트로를 운영했는데, 나도 몇 번인가 가본 적이 있다. 거기 주인이 대구의 가게를 정리하고 서울에 새롭게 오픈한 것이다. 고사리나물 라구 파스타는 고사리나물이 매일 먹는 반찬으로 나오는 대구 출신의 젊은 셰프가 식재를 새롭게 해석해서 만든, 일종의 변주곡이라고 할 수 있을 것이다.

예바라기 선생님의 고사리나물 루콜라 샐러드도 마찬가지. 선생님의 메뉴 덕분에 친할머니가 만들어주던 고사리 요리에 대한 거부감과 시어머니의 고사리나물에 대한 갈등이 순식간에 사라졌다. 그리고 고사리나물이 내 배 속에 부드럽게 융화되어간다. 더불어 한국과 일본 사이에서 미묘하게 흔들리던 나의 정체성도 조금씩 자리를 잡아가고 있다.

주변 사람들에게 요리 선생님으로 불리고 있는 나로서는, 새삼 말하기 부끄러운 일이 한 가지 있다. 결혼하고 한국에서 생활한 지 오래 되었지만 김치를 먹음직스럽게 잘라서 접시에 담는 일은 아직도 서툴다. 예바라기 선생님 덕분에 맛있는 김치를 담글 수 있게 된 지도 몇 년이 지났지만, 접시에 담는 일에는 왠지 자신이 없다. 김치를 그릇에 담으면서 '흠, 이렇게 하는 게 맞나?' '아니, 이게 아니야. 다시 하자' 하며 혼잣말을 중얼거린다. 식당에 갔다가 접시에 먹음직스럽게 담긴 김치를 보면 저절로 한숨이 나온다. 사진을 찍어 와 집에서 똑같이 담아보려고 연습하는데도 왜 안 되는 걸까.

아버지가 프랑스 요리의 셰프였던 탓에 어렸을 때부터 양식에 익숙했다. 좋아하는 음식을 물으면 "로스트 치킨! 에그 그라탱! 아니, 아빠가 구워준 스테이크!"를 외쳤다. 요리하면 무조건 양식, 그것도 온통 육류 요리만 떠올랐던 것이다. 한편 어머니가 만들어주는 채소, 해초, 두부 중심의 가정식 식단은 너무 평범하게 느껴졌고, 대학을 졸업하고 독립할 때까지도 어머니 옆에서 채소 손질법을 제대로 배운 적이 없었다.

"엄마의 채소 요리는 놀랍단다. 일식 재료인 무나 순무를 가지고 양식으로 변형하기도 하고, 서양 채소를 일식에 응용하기도 하지. 대단해."

좀처럼 다른 사람을 추어올리지 않는 아버지가 어머니를 칭찬한 적이 있었다. 그런 어머니에게 아무것도 배우지 않았다니 후회막급이지만 이미 늦은 일. 예전부터 진지하게 채소를 대한 적이 없어서 김치를 먹음직스럽게 담아내지 못하는 것은 아닐까. 설마 그럴 리가, 하고 비웃을지도 모르지만 나는 진심으로 그렇게 생각하고 있다.

아직 김치는 예쁘게 담아내지 못하지만, 한국 요리에 대한 자신감은 조금씩 생겨나고 있다. 한밤중에 말린 고사리를 불리고, 초여름에는 매실을 절이고, 초겨울에는 김장을 한다. 조금 여유가 있을 때는 미소와 된장도 담가본다. 먹는 행위에 인생의 중요한 의미를 두고 있고, 또한 요리를 업으로 삼고 있다 보니 식재료에 당연히 눈이 가게 된다. 고기나 생선에도 제철이 있지만, 무엇보다 사계절의 변화를 느낄 수 있는 식재료는 단연코 채소다. 루콜라나 바질, 차조기 잎이나 샹차이를 한국의 슈퍼마켓에서 쉽게 구할 수 없었던 때에는 씨앗을 구해 연희동 집 마당에 뿌려보기도 했고, 도시 농부를 꿈꾸는 청년들과 빌딩 옥상에서 채소를 키우기도 했다.

요리 가르치는 일을 하다 보니 글도 쓰고 싶고 채소를 직접 재배해서 먹고 싶은 욕심도 생긴다. 더구나 엄마 역할도 충실히 해내고 싶다. 하지만 하고 싶은 일을 다 할 수는 없는 법. 도시 농부나 채소를 재배하는 사람들과 교류하면서 내가 할 수 있는 일이 무엇인지를 스스로에게 물었다. 결국 내가 할 수 있는 일은 아주 조금 더 품을 들여서 제철 채소로 맛있게 요리하는 일, 그리고 채소에 좀 더 진지하게 다가가는 일이다. 이렇게 노력하다 보면 배추의 마음을 알게 될지도 모르는 일이다.

고사리와
루콜라 샐러드

벌써 이래저래 7년 가까이 다니고 있는 한국 요리교실의 선생님에게 첫날 배웠던 레시피. "와! 저 고사리가 루콜라와 만난다니!!" 첫날 큰 충격을 받았다. 고사리로는 고사리나물 정도만 만들 수 있다고 생각했는데, 예바라기 선생님이 새로운 세계를 알려주신 것이다. 선생님의 허락하에 이 레시피를 소개한다. 나는 루콜라 대신에 코리앤더나 이탈리안 파슬리 등으로 변화를 주면서 바비큐의 곁들임 요리로 자주 만든다.

재료 2인분

데친 고사리
: (시판용) 250g
루콜라 100g
참기름 2큰술
물 1컵
: 또는 멸치육수 1컵

양념
국간장 1큰술
다진 마늘 1작은술
참기름 1큰술
소금 약간
후춧가루 약간
올리브오일 약간

만드는 법

1 데친 고사리를 끓는 물에 한 번 더 살짝 데치고 찬물에 4~5번 정도 헹궈 물기를 꽉 짠다. 먹기 좋게 5cm길이로 썬다. 루콜라는 잘 씻어서 물기를 제거한다.

2 팬에 참기름을 둘러 고사리를 넣고 중불에서 물 1컵을 조금씩 나눠 부으며 타지 않게 볶는다. 감칠맛을 내고 싶다면 물 대신 멸치육수를 섞어도 좋다. 고사리가 부드러워지면 국간장, 다진 마늘, 참기름 순으로 넣고 2~3분 정도 물기를 날리듯이 볶는다. 볶은 고사리는 볼에 담아서 식힌다.

3 2의 고사리에 루콜라를 넣고 소금, 후춧가루로 간을 한 후 올리브오일을 뿌려 버무려낸다.

더덕 고추장 구이

이 요리도 한국 요리 선생님에게 배웠는데 내가 가장 좋아하는 음식 중 하나다. 한국에서 처음 맛본 더덕과 고추장의 조화. 이 요리를 배우고 이튿날 바로 손질이 안 된 더덕을 2킬로그램이나 샀다. 하지만 "손이 끈적해지니까 꼭 라텍스 장갑을 끼세요!"라는 선생님의 충고를 따르지 않고 맨손으로 껍질을 긁어냈다가 손이 온통 끈적끈적해졌다. 눈물이 날 것 같았다. 이렇듯 애써서 손질해야 하는 더덕이지만, 고기를 좋아하는 나는 더덕만으로는 아쉬웠다. 그래서 돼지 항정살을 더덕과 함께 고추장에 재웠다가 구워먹곤 한다.

재료 2~3인분

더덕 200g
식용유 1큰술
참기름 1큰술
: 기호에 따라 더 추가
다진 고수 적당량

양념

고추장 2큰술
다진 마늘 1큰술
간장 2큰술
깨소금 1큰술
설탕 1큰술
꿀 1큰술
참기름 1큰술

만드는 법

1 더덕은 흙을 털어내고, 수세미로 잘 씻는다. 일회용 위생장갑을 끼고 세로 칼집을 낸 후 돌려깎기한다. (더덕에 수분이 많으면 잘 벗겨지지 않으니 조금씩 칼집을 내며 깎아간다) 아삭한 식감을 위해 비닐봉지에 넣어 밀대로 두들기며 찢어준다.
2 볼에 양념 재료를 모두 넣어 섞는다.
3 손질한 더덕에 **2**의 양념을 듬뿍 발라 30분간 재워둔다.
4 팬을 달군 후에 식용유와 참기름을 두르고 중약불에서 더덕의 양쪽면을 뒤집어가며 바싹 굽는다.
5 접시에 담아 다진 고수를 뿌려낸다.

알타리무 수프

한국에 살면서 의아하게 생각한 것이 몇 가지 있다. 그중 하나가, 한국인은 왜 알타리무를 김치에만 쓸까 하는 것이다. 일반 무보다 식감도 아삭하고 매운맛이 매력적인 알타리무를 활용하는 다른 방법은 없을까. 이렇게 머릿속에 그려본 요리는 스테이크와 무청까지 사용한 파스타 종류였는데, 실제로 만들어보니 생각했던 맛이 아니었다. 하지만 이 수프는 만드는 데 조금 손이 가지만, 알타리무의 매운맛과 쌉싸름한 맛을 최대한 살리면서 단맛을 끌어내는 데 성공했다고 생각한다. 요리교실에서도 인기 메뉴 중 하나.

재료 4인분

알타리무 4개
양파 1개
감자 중간 크기 1개
물 3ℓ
올리브오일 2큰술

홍합 육수
마늘 2쪽
홍합 1kg
올리브오일 3큰술
화이트와인 50㎖
물 500㎖

세이지 잎 3~4장
사프란 8가닥
우유 1~2컵
소금 2작은술
후춧가루 적당량

만드는 법

1 알타리무는 껍질을 깎아 한입 크기로 썬다.

2 양파는 3mm두께로 얇게 썰어둔다. 감자는 껍질을 깎아내고 1cm두께로 잘라서 냄비에 넣기 전까지 물에 담가놓는다.

3 **홍합 육수 만들기**

① 마늘을 얇게 저민다. 홍합은 껍질을 깨끗이 손질해둔다.

② 팬에 올리브오일 3큰술을 둘러 저민 마늘을 넣고 약불에서 2분 정도 마늘향이 날 때까지 익힌다. 여기에 홍합을 넣고 강한 중불에서 볶다가 화이트 와인을 붓고 한소끔 끓어오르면 물을 부어 강불에서 끓인다.

③ 거품은 제거하고 홍합 껍질이 열리면 불을 끈다.

④ 육수에서 홍합을 꺼내고 홍합살을 발라내 잘게 다져둔다.

4 냄비에 올리브오일 2큰술을 두르고 **2**의 양파를 약불에서 볶는다. 물기를 뺀 감자와 알타리무를 더하여 계속 볶다가 **3**의 홍합 육수(전체 분량의 1/2)와 세이지 잎, 사프란을 넣고 중불에서 10분간 끓인다.

5 알타리무와 감자가 부드러워지면 불을 끄고 조금 식혔다가 믹서에 넣어 퓌레 상태로 간다. 여기에 남은 홍합 육수와 우유, 다진 홍합살, 소금 2작은술, 후춧가루를 넣고 저어준 후 그릇에 담아낸다.

배추와 베이컨 오븐구이

처음 요리교실을 시작했을 무렵부터 인기 메뉴였던 배추와 베이컨 오븐 구이. 특별할 것 없는 요리인 만큼 요리책에 소개도 하지 않고 나만의 레시피로 간직하고 있었다. 알타리무와 마찬가지로 내가 아는 배추 요리는 김치와 배춧국, 배추전, 배추찜 정도이다 보니 배추에게 미안한 마음이 들었다. 좀 더 간편하면서도 배추의 매력을 끌어낼 요리법이 없을까 고민하다 만든 것이 이 레시피. 원래 고기 요리에 곁들임 요리로 만들었는데, 커다란 배추 한 통이 순식간에 사라지는 매력적인 일품요리이기도 하다.

재료   3~4인분

배추 1/2개
베이컨 10장
소금 1~2큰술
후춧가루 적당량
올리브오일 180㎖

만드는 법

1 배추는 반으로 자른다.
2 오븐 팬에 배추를 얹고 겉잎에 소금, 후춧가루를 뿌린 다음 베이컨을 배추 잎 사이사이에 길게 넣는다.
3 2의 배추에 올리브오일을 뿌리고, 배추 겉잎 3~4장을 덮어준다(배추 겉잎이 타는 걸 막아준다).
4 200도로 예열한 오븐에 넣고 20분간 굽다가 배추 속이 구워진 상태를 확인한다. 속이 덜 익었다면 180도로 낮추고 10분간 더 굽는다.
5 칼이나 가위로 크게 1~2번 잘라서 납작한 접시에 담아 포크와 나이프를 이용해 잘라먹거나, 한 입 크기로 미리 잘라 놓고 젓가락으로 집어먹는다. 고기나 생선요리에 곁들이면 좋다.

대저 토마토
가스파초 소면

가스파초gazpacho는 스페인 요리를 대표하는 차가운 채소 수프. 예전에 바르셀로나에서 처음 먹었던 이 수프는 지금도 무척 좋아하는 음식이다. 특히 한국에서 대저 토마토가 나올 시기가 되면 늘 만들어 먹는다. 여름 더위에 지칠 무렵이면 가스파초를 만들어두고 소면을 넣어 가볍게 한 끼를 먹고는 한다. 바비큐를 먹고 나서 허브를 띄워 입가심 요리로 내놓아도 좋다.

재료 3~4인분

대저 토마토 3개
얼음물
오이 1/2개
수박 과육 60g
: 또는 참외, 메론
붉은 파프리카
: 1/4개
셀러리 5cm
양파 1/6개
소면 2~3다발

양념
다시마 물 100㎖
레몬즙 3큰술
화이트 와인 비네거
: 1큰술
올리브오일 2큰술
소금 1작은술

장식
좋아하는 허브나
식용꽃 적당량
올리브오일 적당량
얼음 적당량

만드는 법

1. 대저 토마토는 꼭지를 떼고 칼로 윗면에 십자 홈을 낸다. 끓는 물에 넣고 3초간 데친 후 바로 얼음물에 담근다. 손으로 껍질을 벗긴 다음 잘게 다진다.

2. 오이는 껍질을 깎아내 잘게 썬다. 수박 과육은 1cm크기로 썬다. 붉은 파프리카는 씨를 제거해서 1cm크기로 썬다. 셀러리도 1cm크기로 썬다. 양파는 얇게 채 썬다.

3. 믹서 용기에 **1**과 **2**, 양념 재료를 넣고 1시간 이상 냉장실에 재워둔 후 믹서에 퓌레 상태로 간다.

4. 소면을 삶아 얼음물에 식힌다.

5. 그릇에 **3**의 퓌레를 붓고 그 위에 소면을 얹는다. 허브와 꽃 등으로 장식하고 올리브오일을 한 바퀴 정도 뿌린다. 그 위에 얼음을 얹어내면 시원하게 즐길 수 있다.

부록

한국 토종 쌀 이야기

RECIPE

○ 한국 토종 쌀로 만든 모로코식 수프
○ 차돌박이와 우엉 솥밥

수향과
우보농장

2021년 2월에 '수카라'라는 카페가 개업 14년 6개월 만에 문을 닫았다. 수카라는 신촌역과 홍대입구역 사이에 있었는데, 운영자였던 김수향 씨는 재일교포 3세이다. 그녀는 내가 한국에서 만난 친구 중에 일본어로 편안하게 대화할 수 있는 몇 안 되는 친구이기도 하다. 늘 붙어 다니는 친구는 아니었지만, 너무 가깝지도 멀지도 않은 관계로 오랫동안 교류하고 있다. 같은 장소에서 같은 가게를 15년 가까이 유지해온 그녀의 신념에는 늘 고개가 수그러진다.

재일교포와 한국을 좋아하는 일본인. 수향과 나는 그렇게 처지는 달랐지만 둘 다 20대부터 한국에서 살았고, 자신의 정체성을 찾기라도 하듯 '음식'을 통해 신념을 키워왔다. 직접 물어본 적은 없지만, 수향도 분명 그랬으리라 생각한다.

"히데코 씨! 마르쉐라고 하는 파머스 마켓이 드디어 한국에서도 열려. 도시 농부의 작물이랑 토종 씨앗으로 재배한 채소와 쌀 등을 파는 거야. 그런데 그 재료로 음식을 만들어줄 요리사가 필요해. 히데코 씨, 어때? 참가해보지 않을래?"

2012년 가을에 서울에서 마르쉐가 처음 열렸으니, 벌써 10년도 더 된 이야기다. 당시에 요리교실을 운영하면서 레시피를 소개하기만 하는 수업에 약간 의구심을 품고 있던 나는 수향의 권유에 따라 지름 65센티미터의 커다란 파에야(쌀과 해산물, 사프란 등을 넣어 만드는 스페인 요리)용 프라이팬 두 개를 들고 씩씩하게 돌진! 그때 수향은 파에야의 주재료인 쌀은 꼭 여기 쌀을 써보라며 우보농장을 소개해주었다. 우리끼리는 편하게 '우보'라고 부르는 우보농장의 대표 이근이 씨는 토종 쌀 생산자이자, 벌써 20년 가까이 석유, 농약, 화학비료를 전혀 사용하지 않는 자연농법으로 한국 전통의 벼농사를 실천하고 있는 분이다.

화도, 올벼, 대춘도, 버들벼, 흑갱, 까투리찰, 자광도, 졸장벼. 거기에다 전국 각지를 돌며 수집한 귀중한 토종 볍씨의 종류는 최근 들어 더욱 늘어났다. 수십 번을 발음해봐도 외울 수 없었던 토종 벼의 이름과 특징에 친숙해진 것은 최근의 일이다. 나는 한국 토종 쌀에 빠져서 백미, 칠분도미, 오분도미, 현미와 정미의 혼합미 등의 다양한 쌀로 전기밥솥뿐만 아니라 여러 가지 솥으로 밥을 지어보았다. 그리고 파에야, 필라프, 리조토, 샐러드 등 세계 각국의 요리에 서로 다른 토종 쌀이 어떤 맛을 내는지도 시험해보았다. 쌀 연구가가 따로 없었다. 우보도 자신이 키운 다양한 토종 쌀을 각 분야의 요리인들과 공유하고 또 일반인들에게 알리기 위해 다양한 기획을 실행했는데 나도 가능한 한 열심히 참가했다.

일본 토종 쌀도 모르면서 한국 토종 쌀을 연구하는 처지가 된 나는 수향에게 전화를 걸어 사소한 것까지 물어보았고, 수향이 우보농장에 김매러 간다고 하면 따라가기도 했다. 하지만 모내기부터 수확까지, 쌀농사의 모든 과정에 직접 참여한 수향과 달리, 내게는 그만한 근성이랄까 열정은 없었다. 수카라에서 열린 워크숍을 통해 쌀뿐만 아니라 우메보시용 매실, 안초비용 멸치, 신안 소금, 일본 미소, 누카미소즈케(쌀겨채소절임), 채소를 구하고 재배하는 방법을 안 것만으로도 행운이기에, 새삼 수향에게 감사하고 있다.

만약 일본에 살았다면 우메보시 같은 걸 직접 만들어볼 생각이나 했을까. 맛있는 고시히카리 쌀의 존재를 당연하게 여길 뿐 일본 토종 쌀 본연의 모습까지 생각할 기회가 있었을까. 소량 생산인 만큼 값이 비싼 우보농장의 쌀을 한 톨 한 톨 정성껏 씻으면서, 문득 그런 생각을 했다. 그러다 수향에게 진지하게 물어보고 싶었던 것이 떠올라서 전화를 걸었다.

"왜 그렇게까지 토종에 집착해? 음식의 근본이라서?"

"평생 맛있는 채소를 먹고 싶으니까. 지금은 세계의 작물이 단일 품목으로 단일 생산되고 있어서 금보다 비싸게 팔리는 종자의 카르텔이 형성되고 있어. 유전자변형 식품 같은 문제도 심각하고. 이 문제를 해결하는 방법은 다품종소량생산이겠지. 다음 세대를 위해 내가 할 수 있는 일은 종자를 보존하는 거야. 우보농장 분들도 같은 생각일 거고."

수향의 대답에 나도 모르게 탄성이 나왔다. 대단하구나, 수향은. 나 역시 요리에 종사하는 사람으로서 막중한 과제를 느끼며 어깨가 무거워지는 기분이다. 내가 할 수 있는 일은 뭐가 있을까. 우보농장이 재배한 토종 쌀로도 충분히 맛있는 밥을 지을 뿐만 아니라 세계의 어떤 요리도 만들 수 있음을 널리 알리는 일. 가을에 구한 씨앗으로 재배한 채소가 성장 과정에 따라 각기 다른 맛이 난다는 것을 요리를 통해 구현해보는 것. 내가 할 수 있는 일은 이 정도가 아닐까. 수카라의 문을 닫은 수향은 지금 새로운 가게를 열어 새로운 실험에 도전하고 있다. 일단 실천해보는 것이다.

한국 토종 쌀로 만든 모로코식 수프

모로코 중부 도시인 마라케시의 가정식 수프에 도전해보았다. 토종 쌀의 식감을 느끼기 위해 쌀을 냄비에서 끓여 수프 토핑으로 사용했다.

재료 4인분

- 토종 쌀(용천) : 1컵(180g)
- 물 3컵
- 단호박 400g
- 올리브오일 100㎖
- 마늘 4쪽
- 감자 2개(300g 정도)
- 달래 2~3줄기 : 고명용
- 쿠민 씨 1작은술
- 닭육수 1ℓ : 또는 채수
- 소금 1작은술
- 쿠민 가루 1/2작은술
- 후춧가루 약간

만드는 법

1. 쌀은 잘 씻어서 체에 밭쳐 물기를 빼둔다.
2. 단호박은 씨를 제거하고 껍질을 깎아낸다. 400g 정도만 잘게 잘라서 볼에 넣고 올리브오일 50㎖를 뿌려서 버무린 다음, 200도로 예열한 오븐에서 15분간 굽는다.
3. 마늘은 다진다. 감자는 껍질을 깎아 잘게 썬다. 달래는 2cm길이로 썬다.
4. 냄비에 **1**의 쌀과 물 3컵을 넣고 강한 중불에서 한소끔 끓이다가 약한 중불에서 15분간 쌀의 심이 없어질 때까지 익힌다. 체에 밭쳐두고 물기를 뺀다.
5. 냄비에 올리브오일 50㎖를 둘러 다진 마늘과 쿠민 씨를 넣고 약불에서 2분간 마늘 향과 쿠민 씨 향이 날 때까지 볶다가 잘게 썬 감자를 넣고 중불에서 살짝 볶는다. 닭육수를 붓고 약한 중불에서 15분간 끓이다가 **2**의 단호박을 넣는다. 3~4분 정도 더 끓여 감자와 호박이 푹 익으면 핸드 블렌더를 이용해 퓌레 상태로 간다. 여기에 소금, 쿠민 가루, 후춧가루로 간을 한 후 약불에서 한소끔 끓여 완성한다.
6. 그릇에 담아 **4**의 쌀을 얹고, 달래를 뿌려낸다.

차돌박이와 우엉 솥밥

차돌박이라고 하는 양지 하단 부위를 얇게 썬 고기는 한국에서 처음 먹어보았다. 슈퍼마켓에 가면 늘 있는 이 차돌박이는 지방이 많고 독특한 냄새가 나서 나로서는 꺼리는 식재료 중 하나였다. 그러다가 일본의 스키야키에서 힌트를 얻어 좋아하는 우엉과 함께 볶으면 차돌박이의 매력을 끌어낼 수 있지 않을까 하는 아이디어가 떠올랐고, 가마도상(뚝배기 모양의 밥솥으로 뚜껑이 이중으로 설계되어 밥물이 넘치지 않는다)에 밥을 지었는데, 쌀의 식감도 차돌박이의 풍미도 좋았다.

재료 3~4인분

토종 쌀(북흑조)
: 2컵(360g)

육수와 양념
멸치 육수
: 360~400㎖
　전기밥솥은 쌀 2컵
　눈금에 맞게, 솥은
　그보다 1큰술 더 많게
청주 1큰술
간장 1큰술
소금 1작은술

차돌박이 100g
소금, 후춧가루 적당량
우엉 1/2개
참기름 2작은술
쪽파 2~3줄기

만드는 법

1　쌀은 씻어서 30분간 물에 불린 후 체에 밭쳐 물기를 빼둔다.

2　멸치 육수에 양념 재료인 청주, 간장, 소금을 넣어 섞어둔다.

3　차돌박이는 소금과 후춧가루로 간을 한다. (냉장고에 보관중이었다면 요리 30분 전에 미리 꺼내두자. 육질이 부드러워진다.)

4　우엉은 연필 깎듯이 깎은 후 5분간 물에 담갔다가 한 번 씻어 물기를 빼둔다.

5　솥에 참기름을 둘러 우엉, 차돌박이를 넣고 중불에서 볶는다. 차돌박이가 노릇노릇해지면 쌀을 넣어 같이 볶다가 **2**의 육수를 부어 강한 중불에서 밥을 짓는다. 밥이 끓기 시작하면 약불에서 5분간 수분이 없어질 때까지 끓인 후 불을 끄고, 10~12분간 뜸을 들인다.

6　쪽파를 송송 썰어 얹고, 밥과 같이 저어서 먹는다.

식재료 구입처

이곳에서 장을 봐요

사러가 쇼핑센터 연희점
02-334-2428 / www.saruga.com

한살림 연희점
02-305-5900 / shop.hansalim.or.kr

제철 채소
고양 찬우물 농장
010-2418-9511

허브 및 샐러드용 잎채소
베짱이 농부
010-2298-6799 / b-farm.co.kr

토종 쌀
우보농장
010-5273-7885 / **insta** farm_woobo

어패류
다전수산
(노량진 수산물 도매시장 패류 013호)
010-8955 1136

베이컨 및 햄류
소금집 SALT HOUSE
salthousekorea.com

소금
신안 도초도
010-3114-6854

미소, 안초비, 유자 고쇼 등 발효식품
큔 Qyun
0507-1366-0591
insta grocery_cafe_qyun

히데코가 블랜딩한
모두의 카레 파우더
smartstore.naver.com/tastykitchen

요리교실 수강생들이 보내온 편지

히데코 선생님의 요리교실은 수선스럽다. 처음에 레시피 설명을
듣고나면 모두 특공대원처럼 착착착 요리대원이 되어 요리를 시작한다.
선생님은 누구보다 부지런히 요리 사이를 돌아다니면서 요리법을
지도하고 질문에 대답하고 능숙하게 간을 보고 요리를 마무리한다.
그렇게 정신없이 맹렬하게 재료를 썰고 팬을 들었다 놨다 하고 열심히
국물을 저으면 한 상이 차려진다. 놀라운 마법의 시간이다.
매번 기다려진다. 매일매일 가고 싶다.
정다정(40대 페이스북코리아 인스타그램 홍보이사)

2015년 여름, 지중해 요리를 하는 일본 출신 선생님이 계신다는
연희동 요리교실에 처음 방문했습니다. 멀리 남산이 보이는 한적한
연희동 언덕배기, 'Gourmet lebkuchen'이라고 적힌 동그란 접시가 매달린
대문을 열고 들어가면, 작은 정원이 딸린 아담한 주택이 나옵니다.
긴 테이블과 아일랜드식 작업대, 깔끔한 주방에서 선생님의 감각이 금세
느껴집니다. 신선한 식재료로 만들어내는 다양한 요리와 테이블 세팅.
이 모든 것이 어우러진 그곳에 가면 마치 다른 나라로 여행을 떠나온 것만
같습니다. 벌써 7년째네요. 오늘도 Bon appetit!
지연화(30대 변호사)

히데코 선생님의 요리교실은 단순히 요리를 배우는 것이 아니라
음식에 대해 끊임없이 탐구하고 새로운 것을 시도하는 선생님의 열정과
함께 여행하는 듯한 느낌을 준다. 느슨한 틀의 레시피를 가지고
음식을 함께 만들면서 선생님의 지식과 경험으로 레시피를 채워 나간다.
새로운 사람 그리고 익숙한 사람들과 함께 만든 음식으로 식사를 하면서
이야기를 나누는 시간 또한 소중하다.
한성림(50대 식품영양학과 교수)

연희동 요리교실은 사람들과 함께 재료를 다듬고 익히고 담을 그릇을
고르고 같이 먹으며 이야기를 나누고, 마지막으로 식탁을 정리하는 것까지
'식사의 모든 것'을 배우는 곳이다. 능숙하고 여유로운 선생님과 함께하는
식사의 모든 과정이 언제나 신기하고 즐겁다.
유화진(40대 썸원스 브레드 대표)

히데코 선생님의 유니크함이 그의 레시피와 다양한 식재료에 그대로 녹아
있다. 낯선 수강생들과 두세 시간 한데 어울려 요리하다 보면 어느새 대단한
동지애가 생긴다. 음식의 힘을 연희동에서 배웠다.
나임수(40대 의사)

히데코 선생님의 요리교실에서 진정한 요리를 경험합니다.
요리는 함께하면 일이 아니라 즐거움 그 자체가 된다는 걸 알게 되었습니다.
다시는 외식을 하기 싫을 정도로 해먹는 요리가 즐겁습니다.
맛있고 심플한 행복을 알게 해준 곳, 연희동 요리교실!
박나니(50대 『Hanok』 작가)

청주에서 예닐곱 시간 걸리는 긴 여정. 하지만 그곳에 가면 만날 수 있는,
작은 소스에 들어가는 하나까지 최상의 것으로 준비된 식재료,
매 순간 최선을 다하시는 선생님 그리고 함께 차리는 최고의 파인다이닝.
언제나 커다란 위안과 감사를 안고 돌아옵니다.
조은영(50대, 영양교사)

수많은 요리 수업을 들어봤지만 연희동 요리교실 수업에서
재료의 선택과 손질법, 소스 조리법을 배울 때면 신선한 충격을 받곤 한다.
한국에서 나는 제철 재료로 전 세계 레시피를 그려내는 마법을 보여주시는
분. 히데코 선생님의 수업과 요리는 최고입니다.
이정웅(30대 요리요정이팀장)

추억의 8할은 음식이라고 한다. 매달 제철 재료로 새로운 요리를 만들고
함께 나눠 먹는 히데코의 연희동 요리교실 5년 차 학생으로서 그간 모아둔
선생님의 레시피만큼이나 정과 추억이 쌓인 행복한 요리교실이다.
박영심(50대 라디오 피디)

    이보다 더 유쾌하고 즐겁게 음식을 만들고 나누고 즐기는 사람이 또 있을까.
    히데코 선생님과 그녀의 요리를 함께 맛보고 즐길 수 있다는 건 이번 생에
    내가 받은 가장 큰 복 중 하나이다.
    장지혜(30대 직장인)

히데코 선생의 부엌에서 재료 손질부터 음식 준비, 식사,
설거지까지 함께 하는 동안 요리는 어느새 관심과 호기심에서 취미와
일상이 되었다. 누구에게나 권하고 싶은 경험이다.
한준(50대 교수)

    그날의 레시피를 받은 순간부터 '연희동 요리교실'이라는 음악이 흐른다.
    연륜이 느껴지는 어르신, 열정으로 무장한 젊은이, 요리 대화가 마냥 즐거운
    분들, 잡는 이에 따라 쓰임새가 달라지곤 하는 요리도구들… 교실을 무대로
    다채로운 소재들이 히데코 선생님의 활기찬 지휘와 교감하며 완성되어 간다.
    마치 음악처럼 느껴지는 요리와 그 과정이 나에게는 도심 속 오아시스다.
    김영일(40대 사운드스케이프 작가)

아름다운 사람 히데코의 삶이 담겨진 요리교실은 참 따스하다.
배우는 과정도 즐겁고 나누는 과정도 즐겁고… 음식이 재주가 아니라
마음이라는 걸 새삼 깨닫게 해준다.
조현주(60대 유튜버 펄이지엠)

    히데코 선생님의 요리교실을 다니기 시작하면서 집으로 손님을 청해서
    함께 밥을 먹는 즐거움을 알게 되었습니다. 덕분에 어머니가 평생 모아오신
    예쁜 그릇들을 아낌없이 쓰는 재미도 알게 되었고요. 히데코 선생님의 책을
    통해 요리로 쓰는 마음의 편지가 더 많은 사람들에게 전해지길 바랍니다.
    김효선(50대 교수)

요리는 마음으로 전하는 편지라는 말씀에 이끌려
연희동 요리교실을 찾았습니다. 음식이 편지보다 때로는
더 핍진할 수 있음을 요리교실에서 배웠습니다.
김태종(50대 아빠, 남편, 경제학자)

외국에서 직장생활을 하며 퇴근 후 술 한잔에 소소한 일상과 취향을
나누던 시간이 그리웠다. 여기 한국에서는 히데코 선생님의
연희동 요리교실을 통해 음식과 술, 취향을 마음껏 나눌 수 있는
소중한 인연과 만나고 있다.
박신영(40대 회계사)

히데코 선생님의 요리교실은 단순한 요리교실이 아니다.
한달에 한 번, 음식이라는 공통의 관심사를 가진 사람들이 모여 함께 먹고
대화하며 '인연'이라는 새로운 요리를 만들어내는 곳이다. 그것이 전 세계의
거의 모든 요리 레시피를 동영상으로 배울 수 있는 시대에 내가 10년째
한 요리교실을 다니는 이유다.
서경종(40대 크리에이티브 디렉터)

실내건축, 패션, 요리는 종합예술이다.
구르메 레브쿠헨과 인연을 맺은 지 벌써 7년. 히데코 선생님의
창조적인 요리에서 실내건축가인 나는 또 다른 디자인 모티브와 영감을
얻곤 한다. 선생님께 감사한 마음을 전합니다.
위유정(40대 실내건축가)

계절의 맛을 일깨워주시는 선생님 덕분에 채소와 과일의 제철에 관심이
높아졌습니다. 그때가 아니면 맛보지 못할 재료로 담그는 우메보시, 콤포트,
장아찌와 더불어 저 또한 차근차근 익어가는 느낌입니다.
권원경(40대 의사)

히데코의 연희동 요리교실

초판 1쇄 인쇄 2021년 7월 20일
초판 1쇄 발행 2021년 8월 4일

지은이 나카가와 히데코
펴낸이 고미영

기획 고미영
번역 박정임
편집 이지예 이예은 정유선 박기효
요리사진 및 스타일링 김연미
요리 구르메 레브쿠헨(류주호 윤호정 홍현주)
디자인 위앤드(정승현)
일러스트 이베리
마케팅 백윤진 채진아 유희수
홍보 김희숙 함유지 김현지
　　　이소정 이미희 박지원
제작 강신은 김동욱 임현식
제작처 한영문화사(인쇄) 신안제책(제본)

펴낸곳 (주)이봄
출판등록 2014년 7월 6일 제406-2014-000064호
주소 10881 경기도 파주시 회동길 455-3
전자우편 yibom@yibombook.com
팩스 031-955-8855
문의전화 031-8071-8671(마케팅)
　　　　031-955-9981~3(편집)

ISBN 979-11-90582-49-0　13590

• 이 책의 판권은 지은이와 (주)이봄에 있습니다.
　이 책의 내용의 전부 또는 일부를 재사용하려면 반드시 양측의 서면 동의를 받아야 합니다.

• 이봄은 (주)문학동네의 계열사입니다.

• 잘못된 책은 구입하신 곳에서 바꿀 수 있습니다.

　　springtenten　　　yibom_publishers